解讀易經的奧祕 卷十六

誠意溝通天地人。

風靡中國十億人口
知名大師
曾仕強
教授◎著述

國家圖書館出版品預行編目資料

解讀易經的奧祕. 卷16, 誠意溝通天地人 /
曾仕強 著述. 陳祈廷 編著. -- 初版. -- 臺北市：
曾仕強文化, 2015.11
面；　公分
ISBN 978-986-92140-1-8（平裝）
1.易經　2.研究考訂
121.17　　104024897

解讀易經的奧祕・卷16

誠意溝通天地人

作　　者	曾仕強
發 行 人	廖秀玲
編　　著	陳祈廷
總 編 輯	陳祈廷
管 理 部	吳思緯
行 銷 部	邱俊清
主　　編	林雅慧
編　　輯	李秉翰
出 版 者	曾仕強文化事業有限公司
地　　址	台北市中正區重慶南路一段57號8樓之14
服務專線	＋886-2-2361-1379　＋886-2-2312-0050
服務傳真	＋886-2-2375-2763
版　　次	2023年7月二刷
I S B N	978-986-92140-1-8
定　　價	新台幣550元

【作者簡介】

曾仕強 教授

英國萊斯特大學管理哲學博士、台灣交通大學教授、興國管理學院首任校長、台灣師範大學教授、人類自救協會理事長、新人類文明文教基金會榮譽董事長。

曾教授學貫古今，數十年來醉心於中華文化和西方現代管理哲學之研究，在國學、企管、哲學、教育等諸多領域上，皆有極高深的造詣。三十年前，世界五百強企業尚無中國企業能躋身其間，曾教授便已洞察趨勢，率先提倡「中國式管理」學說，被譽為「中國式管理之父」。迄今，曾教授已巡迴全球，完成逾五千場以上之演講，為臺灣生產力中心調查「最受企業界歡迎的十大講師」之一。

近年來，曾教授應大陸中央電視台邀請，至「百家講壇」欄目，主講「經營之神胡雪巖的啟示」、「易經與人生」等主題，收視率勇奪全國之冠；二〇〇九年主講「易經的奧祕」系列；二〇一一～二〇一二年主講「易經的智慧」、「點評三國演義」；二〇一二年主講「道德經的奧祕」、「道德經的玄妙」，內容風靡全中國，不僅掀起一股國學復興浪潮，更被評選為第一名的國學大師。

曾教授著作有：《易經真的很容易》、《易經的乾坤大門》、《人人都不了了之》、《易經的中道思維》、《中國式管理》、《總裁魅力學》、《樂天知命的無憂人生》、《修己安人的領導魅力》、《為官之道》、《道德經的奧祕》……等數十本，其中《易經的奧祕》一書銷售量已突破五百萬冊，高居台灣與大陸各大書店文史哲類暢銷排行榜總冠軍。

前言——代序

《論語・為政篇》記載孔子自述：「十有五而志乎學，三十而立，四十而不惑，五十而知天命，六十而耳順，七十而從心所欲、不踰距。」一路走來，有一種看不見的東西，始終沒有偏離，那就是「誠」。用最大的誠意，來面對自己，便是「毋自欺」，從來不欺騙自己。很多人都喜歡說自己從小就立下壯志，表示在起跑點上就贏過別人，至少沒有輸在起跑點上。孔子不自欺欺人，坦然說出十五歲才立志求學。告訴大家：搞清楚「學」的重要性，才立志求學，這是對「學」的最大誠意。不像現代人大多不知道什麼叫做「學」，就熱衷學習，徒然變成兩腳書櫥，學了很多卻不知如何應用。由於明白「學」的真正內涵，孔子三十歲時，能夠用學得的道理，來立身行己；四十歲時意志堅定，不再為異端邪說所迷惑，這些都是「下學」。孔子五十歲知天命以後，才進入「上達」的階段。六十歲耳順，便是對任何事物，都不預設立場或先入為主，以免對事物的真相，產生扭曲、錯亂或誤解。七十而從心所欲、不踰矩，實際上就是以最大誠意，順應事物的本性，不必做出任何選擇性決定。唯有如此，才能夠一切憑良心，自然與道合。於是不勉而中，從容中道。不但可以成人，而且能夠成物。

《中庸》說：「唯天下至誠，為能盡其性；能盡其性，則能盡人之性；能盡人之性，則能盡物之性。」至誠的人，可以把天賦的本性發揮到極致，所以能夠盡自己的本性，也能盡知他人的本性；能盡知他人的本性，便能夠盡知萬物的本性。「誠」是什麼？《中庸》說：「誠者，天之道也」，「誠」就是真實无妄，代表天生的真理。世界是一個活動的大有機體，而活動的動態，就是「誠」。由於動能常存無息，所以《中庸》指出：「至誠無息，不息則久，久則徵，徵則悠遠，悠遠則博厚，博厚則高明。」至誠之道永遠不間斷，因此可以持久。誠於內心既久，自然就會徵驗於外。徵驗顯著，也就悠久長遠，以至於無窮。悠遠無窮，累積起來自然廣博而深厚，於是發而高大而光明。道本源，出自於天，所以說道就是宇宙的本體，以天為代表。有天就有道，天的代號是「一」，道的代號也是「一」，和太極的「一」，都是同一個「一」。這樣我們才明白，我們所常說的「一而二，二而一」所表達的真實意義。「一而二，二而一」這一句話，必須合在一起說，才算完整。倘若是說半句，無論是「一而二」或是「二而一」，那就差之遠矣！

〈繫辭・上傳〉說：「是故易有太極，是生兩儀，兩儀生四象，四象生八卦。」太極為一，太極生兩儀，即為「一而二」。陰陽兩儀，原本就在太極之中，那就是「二而一」。天地間只有一種「人」，然而這一種「人」，卻有「男」、「女」之分，所以說「一而二」。男女誠然有別，但是我們也應該一視同仁，把男性、女性都看成「人」，當然要「二而一」。動物在地震發生之前，都能有所預感，我們人類在這一方面，為什麼反而痲木不仁，毫無預知的感覺？原因即在我們和動物拉開距離之後，只知道人類和動物是「一而二」，同樣是動物，卻有很大的差距；竟然忘記了我們和動物，有一些必須保持「二而一」的地方，那就是「順應自然規律」，合乎「天道」。《易經》把天地萬物，大致區分為「天、人、地」三才，主要用意在提示我們「天、地」既然是「一而二，二而一」，人類便應該省悟，人與萬物也應該「一而二，二而一」。人是萬物的總代表，與天、地並列三才，所以人與萬物為一體，必須同生共存，不能彼此殺害。

萬物之中，既然是以人為總代表，人便負有「贊天地之化育」的重責大任，於是在人的秉性當中，加上了「創造性」、「自主性」和「侷限性」三樣東西，使人與萬物有所不同，拉開與萬物的距離，成為萬物之靈。

人的靈性，來自於誠。如果說「誠」是上天賜予人類的「侷限性」，也許乍聽之下，有一些怪異，覺得難以接受。然而再冷靜下來，深一層想：「誠則明」，有了誠，就能夠明白道理。「至誠之道，可以前知」，誠到極點，就能夠預知未來的事情。只有至誠的人，可以「贊天地之化育」——這些都是「誠」的功能，明白指出人的侷限性，即在「誠」或「不誠」。《中庸》說：「誠者，物之終始，不誠無物。」誠代表自然的道理，萬事萬物的終始本末，都離不開誠。沒有誠，便沒有萬事萬物。既然如此，誠便是太極，也就是道，當然都是「一」。〈繫辭・下傳〉說：「天下之動，貞夫一者也。」天下的動能，既然是「誠」，也就是「太極」，當然萬事萬物的一切活動，都應該堅守貞正而精誠專一。《孟子・梁惠王篇》記載：孟子見梁襄王，王問：「天下惡乎定？」孟子回答：「定於一。」《論語・里仁篇》和《論語・衛靈公篇》，分別記載孔子自道「一以貫之」。孟子和孔子都沒有明白說出「一」是什麼？《中庸・哀公問政章》，孔子才明說：「知、仁、勇，三者，天下之達德也。所以行之者一也。」這裡所說的「一」，是指行「一」的動能，也就是「誠」。天下一切的動，都離不開「誠」。

《易經》以乾元統天、坤元配地，天地陰陽交合，而萬物化生。有了萬物，宇宙便成為「天、人、地」三才，分別稱「天道、人道、地道」，合起來稱為「三才之道」。人一方面可以創造、自主，一方面則必須承受天地的侷限。過去我們常說：「人在做，天在看」，冥冥之中彷彿都有鬼神的監視。直到現代科學發達，才改口說：「自然法則，規範了人類的行為。」其實萬物都是天地所生，唯獨人類能夠頂天立地，與天道、地道交通往來，所憑藉的，全繫於一個「誠」字。

《孟子・盡心篇》記載：「萬物皆備於我矣。反身而誠，樂莫大焉。」萬物的道理，都齊備在人類的自性之內，只要反省自身，樣樣都真實不欺，人生的快樂，就再沒有比這更大的了。「誠」就是「毋自欺」，真實地對待自己，做到孟子所說的：「無為其所不為，無欲其所不欲。」也就是不要做自己良心所不願意做的事，不要想自己良心所不願意想的私欲。西方人的「誠」，來自無所不知、無所不能、無所不在的上帝；中華民族的「誠」，出自良心，所以反求諸己，更為方便。我們常說「精誠所至，金石為開」，又說「誠者靈」，誠心可以感動上天。凡事誠惶誠恐，做人誠心誠意，都在提醒大家：必須誠心反省、誠意自律、誠懇待人。

「太極」所代表的，是天地間唯一的理。這唯「一」的理，在天為天理，在人為人理，在地為地理。我們還可以說：在物為物理，在事為事理。每一個人，以太極的理修己，則身修；以太極的理齊家，則家齊；以太極的理治國，則國治；以太極的理平天下，則天下平。〈說卦傳〉指出：「昔者聖人之作易也，將以順性命之理。是以立天之道曰陰與陽，立地之道曰柔與剛，立人之道曰仁與義。」性命之理，稱為性理，也就是人理。站在人道的立場來看，天理即陰與陽，地理為剛與柔，人理便是仁與義。由於孤陰獨陽不克生化，必須陰陽交合而後有所生化，所以陰陽不可分離，而且陰中有陽，陽中也有陰。人理和地理，也都離不開「一陰一陽之謂道」，因此兼三才而兩之，天、人、地各有陰陽，兩兩相重疊，需要六畫才能構成一個完整的卦。所有事事物物的生成，都離不開天、人、地三才，所以卦由三爻構成。但是生成必自陰陽二氣的交合，因此三爻的卦必須重疊成為六畫卦，才能充分表達變化的形態。

古聖先賢所稱道的「王」，其施政為「王道」，後人盛讚為「德配天地」，也就是做到「天時、地利、人和」的狀態。以一豎貫連天、人、地，便是「王」字。上畫的天與下畫的地，所有變易，都是以中畫的人為中心，合乎人群求生的利益，才是人理。必須接受上天下地的制約。我們經常謝天謝地，即在自我警惕有其不可逾越的侷限，那就是「誠」。孔子「七十而從心所欲，不踰矩」，便是至誠的成果。敬請各界先進朋友，共同來體認，並且多多賜教為幸。

曾仕強 謹識於台灣師範大學

編者序

中華民族非常重視「誠」，只要翻開辭典，就可以找到許多與「誠」字有關的成語，例如：「開誠布公」、「心悅誠服」、「誠意正心」、「不誠無物」、「誠惶誠恐」、「精誠所至，金石為開」⋯等等。

為什麼「誠」對我們而言，是如此的重要呢？因為炎黃子孫相信人的靈性，就是來自於內心的至誠。《中庸》說：「唯天下至誠，為能盡其性；能盡其性，則能盡人之性；能盡人之性，則能盡物之性；能盡物之性，則可以贊天地之化育；可以贊天地之化育，則可以與天地參矣。」唯有內心一片至誠者，才可以把天賦本性發揮到極致，並且幫助眾人及萬物，充分發揮他們的本性，真正做到「參贊天地之化育」的重責大任。

放眼世間萬物，都是由天地所生，而唯獨人類，能夠做到頂天立地，與天道、地道交通往來，所憑藉的，全繫於一個「誠」字。我們一方面說「心誠則靈」，一方面又說「不誠無物」，可見「誠」，的確是溝通天地人的關鍵力量。正因為「誠」出自於良心，所以人唯有誠心反省、誠意自律、誠懇待人、一片至誠，才有資格「與天地參」，成為天地人三才之一。

書中，曾教授告訴我們：「誠是解開宇宙人生奧妙的萬能鑰匙，唯有至誠，才能夠完成天地的善，把天地的善和人性的善根貫穿起來，使人類有能力可以參贊天地之化育，完成上天賦予人類的神聖使命。」並介紹與「誠」密切相關的「中孚、頤、小過、大過」等四卦，期能以中孚的精神，把頤養之道發揮到極致，即使偶爾犯小過，必要時犯大過，只要是以誠信為本，以服務社會為目的，就必然能夠撼動人心，感天動地，讓天下一家、世界大同的理想早日實現。

曾仕強文化總編輯　陳祈廷

目錄

《第一章》

象數與義理
怎能分家？

象就是像，從像什麼來想象，
開展出八種基本卦象，做為基礎。

數和象同時存在，永不分離，
透過看得見的象，來探索其中的數。

一而二、二而一的概念，形成我們的思路，
若把易學當做知識，很難悟出易道的精髓。

義理十分重要，卻實在很難講透，
唯有不斷摸索，持續領會以求精進。

漢朝以後，象數與義理逐漸分家，
各有所長，卻難以整合，反而互相輕視。

我們還是要把象數義理合在一起，
用氣來加以貫穿，務求一以貫之。

一・先秦易學中的象數義理

《易經》的「易」字，並非《易經》的專用字。它的含義十分廣泛，在不同的地方，可以做出不一樣的解釋。《易經》之所以名為《易經》，很可能就是看中「易」字的彈性，大到可以包容一切。易簡、變易、不易、交易，甚至於易道、易象、易占、易數、易理，都有不同的含義，卻能夠統合為「易」。

先秦的易學，最初應該是單純的卦象，也就是陰（⚋）、陽（⚊）兩個符號。因為伏羲氏畫卦的時候還沒有文字，所用的語言並不夠豐富。也就是簡單的符號，才有辦法表現出靈巧變化的萬象、變動不居的道理，以及神變莫測的筮術。後來有了文字，逐漸演繹出樸質實用的義理。

當人類尚未有文字之前，對於宇宙萬象，當然充滿了驚奇、恐懼和懷疑。伏羲氏透過「天垂象」來觀察並領悟宇宙人生的奧祕，由象數推及義理，應該是十分自然的演變。大家在推演的過程中，站在不同的角度，居於不同的需求，而且各有不相同的層次，不斷地擴大、充實、提升易象體系的內涵，竟然能夠其大無外而其小無內，到了無所不包的地步。當然象數義理都在其中，合而不分。

先秦易學，發展到孔子和老子，為易學奠定了堅牢穩固的基礎。孔子為中等智慧人士講解易學，老子則為高等智慧人士解惑，彼此殊途同歸，並沒有分而不合的成見。

易學從「天垂象」著手，經由象數義理一以貫之的探究，掌握了「天下之動，貞夫一者也」的道理。影響所及，和合的精神，始終是易學研究者所不可忽視的根本。

- 先秦易學
  - 伏羲畫卦
    - 從「天垂象」中悟「道」。
    - 以陰（--）、陽（—）為符號。
    - 一畫開天，有了卦象。
  - 文王卜筮
    - 以神道設教。
    - 由卦爻辭斷吉凶。
    - 實則透過象數推理。
  - 孔老協力
    - 老子為高等智慧人士解析易道。
    - 孔子為中等智慧人士闡明易理。
    - 都是象數義理合而為一。

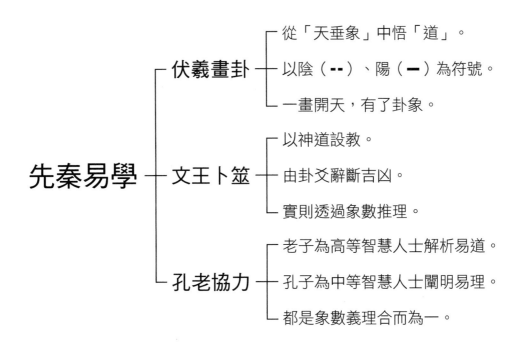

二・秦火刺激了易學的復興

公元前二一三年，秦始皇焚書。儒家經典盡被焚毀，《易傳》也不例外。只有《易經》部份，由於「卜筮之書不焚」的理由，而得以流通如常。這一把火，燒出了《易經》的占卜特性，卻也從此蒙上了「易為占卜之書」的陰影，可以說是嚴重地被污名化了。相信百分之八十的炎黃子孫，一聽到《易經》，就會聯想到算命、卜卦、看風水、排流年這些作用，因而輕易把它視為迷信。就好比現代人使用「八卦」一詞，來代表各種荒誕無稽、莫名其妙、窮極無聊的言行，實在是嚴重輕忽了「八卦」原本的內涵，顯得幼稚之至！

我們從世界各地原始民族的活動遺跡，可以想像當時人智未開，難免會借助某些卜筮的工具，來彌補其智力的不足。就算伏羲氏確屬半人半神，也就是獲得高度神助的神人，從「天垂象」悟出若干宇宙人生的奧祕，但是居於當時的實際情況，也不得不透過某種占筮活動，以神道設教。到了孔子的時代，為了普及教化，有教無類，畢竟難以全面改變，於是把筮術易提升為人道的易理。我們從《論語》當中，看不到易學的字句，可以想像孔子當時所處的困境，他是極力想要走出另外一條道路，用不同的方法來弘揚易理。秦火提供漢代一個大好機會，從重建易學中，反思各種可能的未來，於是逐漸分成「象數」和「義理」兩大學派，彼此各不相讓，互爭長短。雖然如此，兩派都深知「一而二、二而一」的思路，朝向「象數義理」合一不二、互詮互釋的目標。後來由於逐漸接受「二分法」的思維方式，才把它們愈分愈開，似乎水火不容，勢不兩立。實際上合起來看，便不難看出其共同意向，都在於復興易學。

秦火焚書

- 秦始皇焚書，儒家經典悉遭焚毀。
- 《易經》獨因卜筮之書存而不焚。
- 秦火燒出了《易經》的占卜特性，
- 卻也從此蒙上了占卜之書的陰影。
- 迄今大多數人仍因此而視為迷信。

↓

《易經》復興

- 只要《易經》尚存，仍有蛛絲馬跡可尋，
- 中華文化就不致滅亡，必然復興。
- 雖然象數、義理分家，難以整合，
- 不論如何，總是易學的再度發揚。
- 道器分離，成為最大的遺憾。

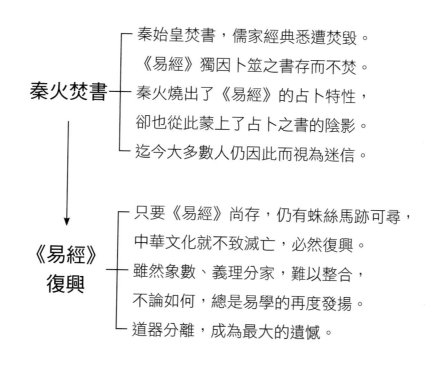

三、象徵內涵由簡易而複雜

伏羲氏當年悟「道」，卻沒有語言、文字可以表達，這固然是缺乏工具，但說穿了，實際上不管任何工具，都難以完整而周全地把「道」表達出來。老子所說「道可道，非常道」，一直到現代，仍然是如實地描述出了「道」的真相。

「道」說不清楚，只好用「象」來象徵。〈繫辭・下傳〉說：「易者，象也；象也者，像也。」《周易》六十四卦、三百八十四爻，都是用來象徵哲理的。從陰（⚋）、陽（⚊）兩種基本象，合成天（☰）、地（☷）、雷（☳）、風（☴）、水（☵）、火（☲）、山（☶）、澤（☱）八種自然形象，再兩兩重疊，成為六十四種卦象。其中卦辭的象、爻辭的象、爻變的象，以及老陰（⚏）、少陰（⚍）、老陽（⚌）、少陽（⚎）的象，都是易象探索的內涵。

象中有數，象數同時產生，又永久並存，密不可分。〈繫辭・上傳〉說：「參伍以變，錯綜其數，通其變，遂成天下之文；極其數，遂定天下之象。把不一樣的「象」互相比較，叫「參」；將同樣的「象」加以變換組合的狀態，即為「伍」。在以蓍ㄕ草占卦的過程中，反復多次地演變，將交錯綜合的蓍ㄕ數，參來參去，一卦的六爻全變，就成為「錯卦」。成卦之後，顛倒排列的次序，即為「綜卦」。這些變化通達，倘若能夠觸類旁通，天下所有的花樣，就盡在其中；把錯綜複雜的數理，充分加以發揮，天下所有現象的奧祕，都能夠被破解。象數原本是一而二、二而一的概念，所以象數合稱。西漢以後，滲入了各種「術數」，流派很多，雖然各自言之成理，卻由於花樣繁多，迄今仍然是信者恆信，不信者恆不信，不如原有象數，簡明易懂。

伏羲氏悟「道」，一畫開天，涵蓋象數理氣。

↓

有了文字以後，大家透過文字來描述，

由於「道」很難講，一直到現代，我們還記得這一句話。

↓

很難講還是要講，形成諸子百家不一樣的學說，

說穿了，都是為了解析「道」的真相。

↓

「象」很簡單，內涵卻由簡易而趨於複雜，

大家愈是努力想像，就想出了愈來愈多的「象」。

↓

花樣繁多，令人眼花撩亂，反而不敢相信，

不如返樸歸真，回歸原點，恢復易簡的精神。

四、義理十分重要卻很難講

義理的源頭，應該溯自〈繫辭．下傳〉：「夫易，彰往而察來，而微顯闡幽。開而當名辨物，正言斷辭則備矣。其稱名也小，其取類也大，其旨遠，其辭文，其言曲而中，其事肆而隱。」《易經》不但可以察往知來，而且能夠見微知著，防微杜漸。開卷有益，各卦的名稱適當，物象明辨，言論周正，文辭決斷。卦爻辭所稱的名，雖然細小，所取喻的事類卻很廣大。意旨深遠，文辭優美。語言曲折但切中事理，所說的事物直接明白卻又深奧隱蔽。並不是神通廣大，應該是義理通透，一推便知。〈繫辭〉中未曾出現義理字樣，但實際上義理的內涵，已盡在其中。孔子生當亂世，人心惶恐，不免惑於吉凶禍福，以致卜筮之說盛行，穿鑿附會，令人不堪其擾。於是孔子作〈易傳〉，闡明象數背後的深刻義理。藉象數以明義理，應該是伏羲氏一畫開天的真實用意。無論卦象、爻象、卦辭和爻辭的象，其根本意義，仍在於表達義理。但是「義理」的原意，想必是「道理」，把「天垂象」所揭示的「道」，透過言行舉止付諸實踐。由於立場不同，背景不一樣，悟出來的「理」難以一致，這才形成「公說公有理，婆說婆有理」的紛亂，錯綜複雜，爭論不休。道理非常重要，卻是說不通的，因為智者過之，愚者不及，所以我們才需要中道，也就是「中庸之道」。「中」便是合理，也是合乎義的要求，這才稱為義理。卦象所寓的理，具有彈性，可以千變萬化，所以六十四卦、三百八十四爻，能夠包容天下萬事萬物萬理。各取其合宜，因此名為「義理」。

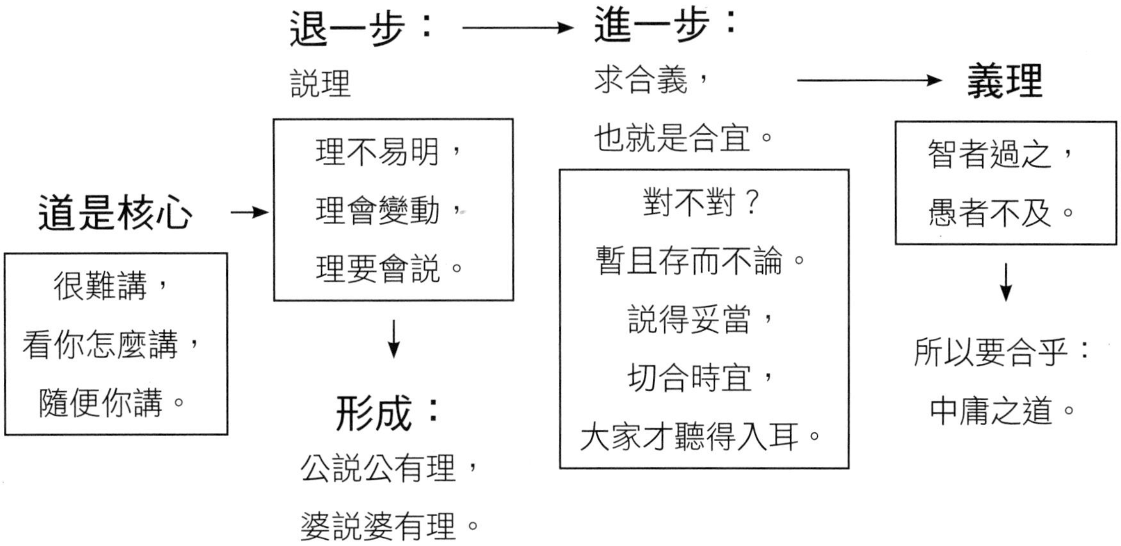
道是核心
很難講，
看你怎麼講，
隨便你講。
退一步：
説理
理不易明，
理會變動，
理要會説。
形成：
公説公有理，
婆説婆有理。
進一步：
求合義，
也就是合宜。
對不對？
暫且存而不論。
説得妥當，
切合時宜，
大家才聽得入耳。
義理
智者過之，
愚者不及。
所以要合乎：
中庸之道。

五、象數義理實在難分難解

「道」含有「象數」和「義理」兩大要素，才合乎「一陰一陽之謂道」。象數、義理密不可分，緊緊連繫在一起，也合乎「陰中有陽、陽中有陰」的法則。象數的功能，在表述義理；而義理的要旨，則隱藏於象數之中。「象數」有如人體的骨肉，顯而易見；「義理」好比人體的血脈，隱而不現。然而，骨肉健壯則血脈暢通，血脈暢通則骨肉健壯，兩者「一而二、二而一」，本來屬於同一人體，難分難解。現代人深受西方的影響，重分難合，把象數和義理分開來看，造成合不起來的困惑。但是，我們並不是合而不分，卻是能分能合。在合中有分，分中有合的靈活運用當中，看出「氣」的關鍵性作用。由一炁流行來貫穿象數義理，配合卜卦輔助，才是完整的易學。陰陽之道，陰氣下降而陽氣上升，陰陽交易構成「䷊」的卦象，因而取名為「泰卦」。否則乾坤定位，明明天在上而地在下，為什麼「䷋」的象反而取名為「否卦」呢？沒有氣，不能動，卦就變成死的，一點也不靈活，僅憑六十四卦，怎麼能夠成為「其大無外，其小無內」的系統呢？我們常說氣象、氣數、理氣、義氣，人生不外乎爭一口氣，可見「氣」的重要性。要求一以貫之，恐怕非氣不可。大自然生萬物的秩序，是先以天的陽氣來創生，後以地的陰氣來完成。陰陽合一的氣，稱為「太和之氣」。我們最喜歡和氣生財，便是象數義理的氣，和諧合理。自然太和之氣，貫通天、人、地三才。我們不必憂慮地震的事先預測和事後救濟，卻能夠平順地使地震不再造成傷害，豈不樂乎！

- 道
  - 象數
    - 象數的功能，在表述義理。
    - 有如人體的骨肉，在保護血脈。
    - 象數合乎義理，自然令人相信。
  - 義理
    - 義理的要旨，隱藏於象數之中。
    - 好比人體的血脈，隱而不現。
    - 義理以象數為依據，更加容易明白。

透過氣的作用，來加以整合。

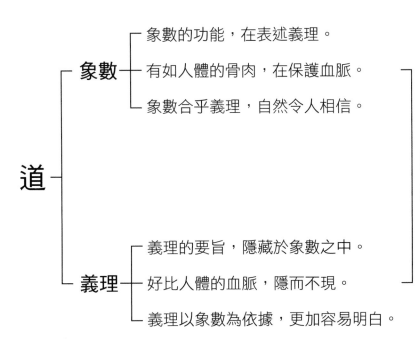

六・用自然來檢驗象數理氣

乾卦〈文言〉說：「元者，善之長也；亨者，嘉之會也；利者，義之和也；貞者，事之幹也。君子體仁足以長人，嘉會足以合禮，利物足以和義，貞固足以幹事。」明白指出「元亨利貞」，是君子必備的當然品德。「元」為眾德之首，也就是最高的德行。「善之長」即為眾德的最高根本，也就是「仁」。「體仁」便是躬親實踐仁德，然後足以為人民的首長，所以說「體仁足以長人」。「嘉之會」有如眾美匯聚在一起，自然通達隆盛，這種狀況，即為「亨」。眾美匯聚，文彩可觀，那就是「禮」的實踐，所以說「嘉會足以合禮」。「義之和」好比一切合理地和諧，人人各求其利，卻能夠各自節制，不相爭奪，那就是「義」。然而，一人一義，十人十義，各有不同標準，彼此又各以為是，並無公認的是非。這時候，只有向自然學習，以自然為師，拿自然做為共同的標準，以求各得其適而無不利，這才是真正的「利者義之和」。唯有人物各得其利，和諧共生，然後義無不和，所以說「利物足以和義」。「貞」即「正」，枝葉依附樹幹，以樹幹為依歸，才合乎自然的正道。「事之幹」便是事功依附於正德，德正然後堅定不移，才足以成功，所以說「貞固足以幹事」。由自然的現象，引發出人生的修德，啟示我們：當研究、探求象數理氣的時候，最好是以合乎自然與否，做為檢驗的標準。我們可以順其自然來創作，但不應該違反自然規律，說出一些歪理，做出一些歪事。當然，我們也不應該完全聽其自然，一生毫無作為。若是如此，豈不相當於坐以待斃，人生顯得太沒有價值，也辜負了上天的美意。

元亨利貞

- 從自然看
  - 元亨利貞代表春夏秋冬，
  - 各有特性，也缺一不可。
  - 一年四季，周而復始，
  - 年年如此，但每年都不一樣。
- 從人事看
  - 「元」是眾德的首長，為善、為仁。
  - 「亨」為禮的實踐，仁心要合理表現。
  - 「利」即人人各自節制，義利相濟。
  - 「貞」指德正然後堅定不移。

依自然景象，
來檢驗人事。

→ **也可以說：**元代表氣，亨即為象，利用數來計算，貞合乎義理。

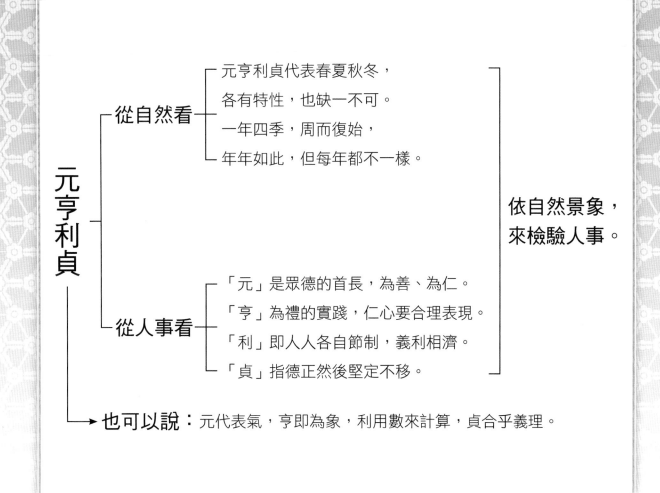

我們的建議

1現代人喜歡「說清楚，講明白」——這種主張若非存心整人，便是顯得自己十分淺薄。我們要自己想清楚、看明白，而不是自己不做功課，完全依賴他人，過著「他主」的生活。

2中華文化，並非和西方文化相對待。說什麼「東方重人治，西方重法治」，根本就不合乎事實。倘若說「西方重法治」，中華民族是「寓法治於人治，人治法治兼顧並重」，這樣就比較合乎實際狀況。我們把它稱為「禮治」，並非一般人所說的「人治」。

3西方文化重「分」，而中華文化並非重「合」，而是重「生」。只有「分中有合，合中有分」，才能夠「生生不息」。「生」是太極，「分與合」則是兩儀。生中有分合，有分有合才能生生而不息。

4象數理氣也是有分有合，能分能合。有必要的分，才能造成有利的合。誠如《三國演義》所說：「分久必合，合久必分」。然而，「長合短分」才是幸福，「長分短合」必然痛苦。

5居於探索、研究、分析、比較、實驗的需要，不得不分，但是分得不能再行整合，那就是支離破碎，專而不通，必然會有瓶頸，最好設法加以突破，務求互通，才能獲得比較完整的學問。元亨才能利貞，不通必然不利。

6只有象數理氣兼顧並重，才能使易學生生不息，持續發揚光大。河圖洛書為易象之祖，為了深一層認識八個基本卦，我們接下來便要再次探究「先、後天八卦」的奧祕。

《第二章》

先後天八卦
從哪裡來？

先、後天八卦究竟從哪裡來？
歷來眾說紛紜，有許多爭論。

如今事過境遷，不如擱置爭議，
把先天當做立體，而以後天來致用。

先天八卦的要旨，在四維四隅定位，
乾南坤北、離東坎西，合乎自然景象。

乾坤坎離居於四維的位置，為四正卦，
震巽ㄒㄩㄣˋ艮ㄍㄣˋ兌ㄉㄨㄟˋ四卦，居於四隅，便是四隅卦。

後天以坎離取代坤和乾的位置，
乾居西北而坤居東南，當然也有其道理。

實則先、後天位異而用同，各有深意，
說起來都是由道而來，含有象數理氣。

一．象數理氣全都由道所生

易學的根本，當然在「道」。老子在這方面的解說，最為精準。《道德經》明白指出：

1.道是天地萬物共同的母親，天地萬物都是道生出來的。象數理氣，當然也不能例外，全都是由道所生。

2.道生萬物，即不離開萬物，一直陪伴著。

3.但是道不主宰萬物，由萬物各自化生。

老子說「道」，孔子傳「道」，諸子百家都在解「道」，而其根源，即在「易學」。所以說：中華文化源於「易」。由於「道」看不見、摸不著、也聽不到，只好用語言、文字來加以描述。然而，伏羲氏當年，尚未有文字出現，簡單的語言，也不足以表達。因此別出心裁，一畫開天，用「象」來表現。從這一畫的分（⚋）合（⚊），使我們明白「道」具有陰、陽二性。更進一步發展為四象、八卦、六十四卦，變通靈活，組合方便，並且整齊美觀。

卦的次序，引出「數」的觀念。乾一、兌二、離三、震四、巽五、坎六、艮七、坤八，固然是宋代邵康節的說法。但是「數」的概念，應該在遠古時代，便具有根苗。由「象數」的變化，想出「理」來，因而反推出「氣」，也是必然的演化。因此衍生各種變化多端的「術」，更是五花八門，不勝枚舉。賢者識其大者，不賢者識其小者，各取所需，也自作自受。易學既然廣大包容，就不必有所排斥。現代生活環境發生變化，人們的思想也隨著日趨複雜，這也使得我們更能夠從各種層次，以不同角度來探究易道。

天地自然之圖

二、先天八卦從說卦傳而來

古聖先賢所著的書，合於常道常法的，都被尊稱為「經」。有「經」必有「傳」。例如《周易》是經，〈十翼〉便是傳。因為經文看似簡易，內涵卻至為深奧，為使學習者能夠深入瞭解，口授講解之餘，便用記錄方式，寫成簡冊。為了和「經」有所區別，所以稱之為「傳」。《周易》的〈十翼〉，即為十種易傳。其中有一部〈說卦傳〉，內容是專論陰陽參天地造化的義理。

先天八卦，就是北宋邵康節依據〈說卦傳〉中所說：「天地定位，山澤通氣，雷風相薄，水火不相射，八卦相錯。數往者順，知來者逆，是故『易』，逆數也。」認為這便是伏羲八卦的定位，也就是乾南坤北，離東坎西，兌居東南，震居東北，巽居西南，艮居西北，於是八卦相交而成六十四卦，把它做為先天之學的八卦圖，即為「先天八卦」。

八卦定位，凡相對的卦都彼此互錯。由東北方震卦一陽生於下，上進至東方離卦和東南方兌卦之二陽，到南方乾卦的三陽，也就是盛極的陽；由西南方巽卦一陰生於下，反退至西方坎卦和西北方艮卦的二陰，到北方坤卦的三陰，也就是盛極的陰。這樣可以看出：由震卦一陽左旋而進，巽卦一陰右旋而反。天道左旋為順，地道右旋為逆，合乎天地之道。固然言之成理，但是，八卦來自天地自然，應該是立體的，不能因為我們的紙是平面的，以致把畫在平面上的八卦，也看成平面的，那就很不妥當了！至於天地何以定位？山澤如何通氣？雷風怎麼相薄？為什麼天道左旋為順，而地道右旋為逆？更需要進一步加以深究，才能明白。

先天八卦正位圖

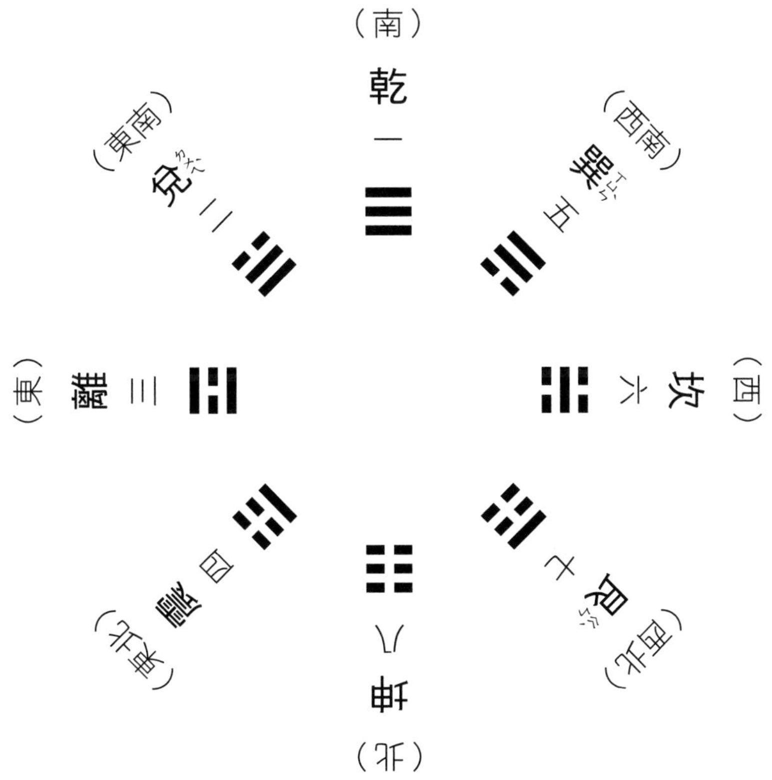

三、八卦是道生出來的產物

〈繫辭・上傳〉說：「易有太極，是生兩儀，兩儀生四象，四象生八卦，八卦定吉凶，吉凶生大業。」說明「八卦」是從「太極」生出來的。「太極」從哪裡來？「太極」是孔子想出來的。孔子主張「下學而上達」，先由「下學」著手，從「古者包犧氏（也就是伏羲氏）之王天下也，仰則觀象於天，俯則觀法於地，觀鳥獸之文與地之宜，近取諸身，遠取諸物，於是始作八卦」的創作過程，體會出八卦的作用，在於「以通神明之德，以類萬物之情」。「神明」在古人心目當中，只有靈知並無形象。人和神明相通，表現在人的德行。我們上達天神，無非在求天人合一。破除個體小我，與太極合一。然而我們的形體，卻為了生存發展，不能不要求滿足欲望，無可奈何地走上個體獨立的道路。因此由太極回顧萬物，推演出八卦，以類萬物之情，就走出了儒家的仁道。

「道」這個觀念，是老子用來做為宇宙萬物共同根源的一種假設。換句話說，伏羲一畫開天，是一種不得已的表現方式。由於當時缺乏語言、文字這樣的工具，不得不以「象」來表達，老子認為「象」的背後，還有更深層的根源，於是用「道」來表示。後來周濂溪提出「無極而太極」，便是依據老子「天下萬物生於有，有生於無」的假想。認為易「有」太極，那麼「太極」由「無極」而來，似乎是天經地義的事。實際上，太極也是亦陰亦陽、亦動亦靜、亦有亦無的。儒家所說「一陰一陽之謂道」，和老子所說的「常道」，可以說是同一的道。由此可以推知：八卦是道生出來的。

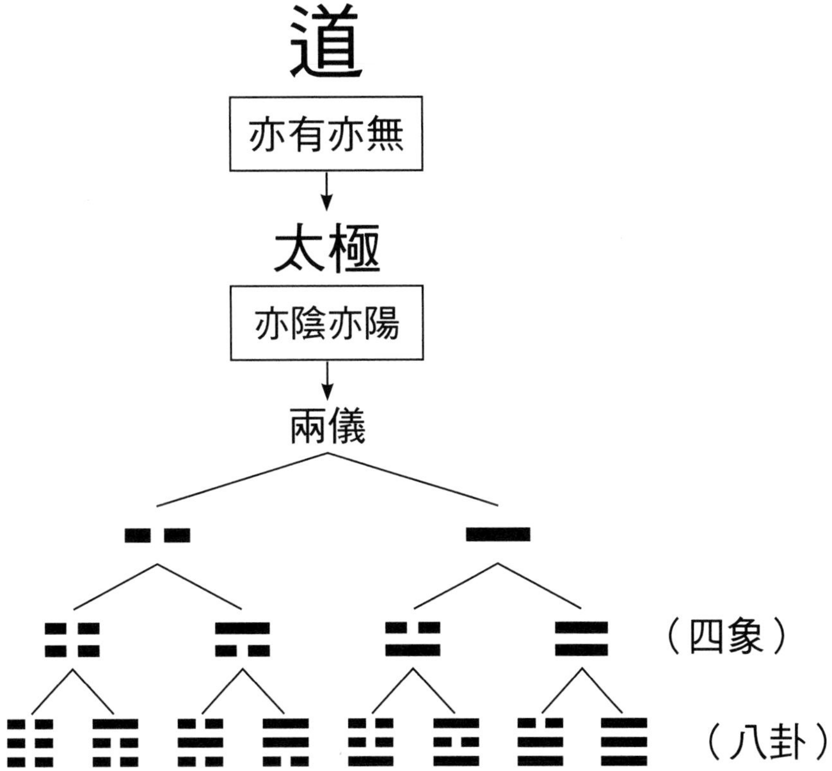

道生八卦的次序

四、後天八卦重視政治號召

夏朝最後一個帝王夏桀，個性暴虐不仁。相對於東方商族領袖成湯的勤政愛民，賢能人士自然紛紛前來投效，幫助商湯成為商朝的開國君王。商朝傳至紂王，由於暴虐無道，使得人民由失望轉為怨恨。諸侯中有人開始背叛，但紂王非但不知反省，竟然還製作「炮烙」酷刑，也就是在銅柱上塗油，下面燒炭，命令犯罪的人在銅柱上行走，直至掉落火炭中活活燒死。當時西伯（就是後來的周文王）為西方諸侯之長，個性仁厚愛民。但紂王卻聽信讒言，把他囚禁在羑里。好不容易才被釋放後，西伯便決心討伐紂王。為了號召民眾，他把先天八卦的卦位加以調整。對當時來說，應該有很大的功效。

文王首先把乾坤的位置，向西移動，告訴大家王朝的政治中心，將要在西方出現。中間安放兌卦，暗示大家投奔西方是喜悅的行動。而相對於兌卦的，正好是震卦，表示紂王的地盤即將產生重大震動。原先乾坤的位置，變更為離坎，合乎「太陽高高在上，水在地上流動」的自然景象。其餘巽、艮兩卦，分別依「風氣」是人民選擇的首要原則，而「安定」則是人民受震之後才能獲得的環境，提醒百姓：聞風向西遷徙，震後才重返故里，以免受到震的傷害。

八卦之中，只有乾坤的位置，與自然的天高地低景象相反，是不是暗示即將變天了？號召百姓趕快響應，不要再等待，以免耽誤自己的前程。文王當時民智未開，只好以神道設教。透過後天八卦圖，來催促百姓採取行動。

事實上，伏羲氏和周文王，都沒有真正繪出圖象。後天八卦，同樣是〈說卦傳〉另一段文字的發揮，請看後節。

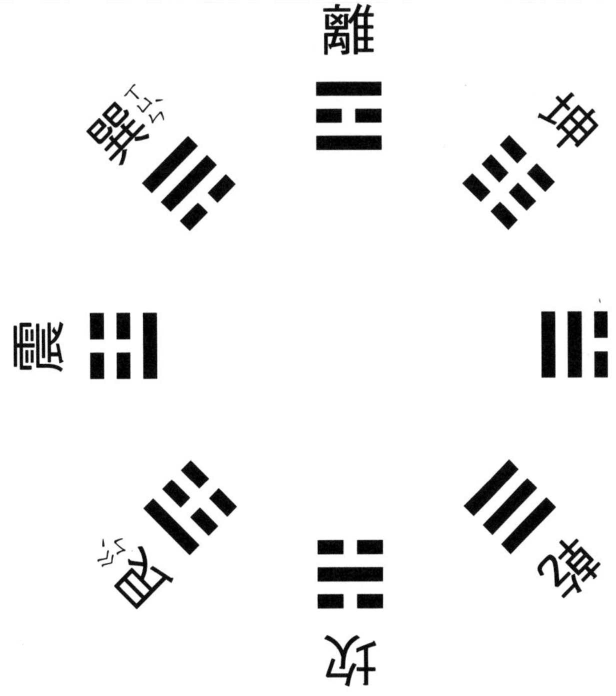

後天（文王）八卦圖

五、帝出乎震萬物卻悅乎兌

〈說卦傳〉指出：「帝出乎震，齊乎巽，相見乎離，致役乎坤，說言乎兌，戰乎乾，勞乎坎，成言乎艮。」充分說明：「天地造化產生萬物的最佳時機，在於象徵春分的震卦；一齊成長於象徵立夏的巽卦；繁茂顯現於象徵夏至的離卦；獲得役養於象徵立秋的坤卦；然後成熟欣悅於象徵秋分的兌卦；交接配合於象徵立冬的乾卦；接下來疲勞止息於象徵冬至的坎卦；最後成其舊功而接著重新萌發於象徵立春的艮卦。」當時農業人口最多，透過春耕、夏長、秋收、冬藏的實際情況，來闡明文王伐紂的正當性，實在十分高明。

這些事情，都已經事過境遷。我們不如擱置爭議，姑且把先天八卦視為立體，以後天八卦來致用。八卦實際上可以看到四個基本卦，那就是「乾、坤、坎、離」。因為「天地水火」應該是萬物生化的根本，風與天、山與地、雷與火、水與澤，可以說是同類。風即天之吹氣下交於地者，山便是地形隆起上交於天者，雷為火鬱於地而搏擊奮發者，澤就是水聚集在地上而佈散滋潤者。古人認為氣之清而上浮，即為天；風乃氣的流動，完全是站在生命力的角度，來觀看自然景象。雷為聲，火為形。陰陽始交而發聲，為雷。陰陽交而生火，與雷同性。先天以南北為經，乾南坤北，是體；以東西為緯，離東坎西，即為用。後天以天地為體而居四維，水火為用而居四正。先後天位異而用同，先天為自然天體，後天是王法主要依據。先天乾坤之位，後天坎離居之，對人來說，水火的重要性，實不亞於天地！

後天八卦以天地水火為體用圖

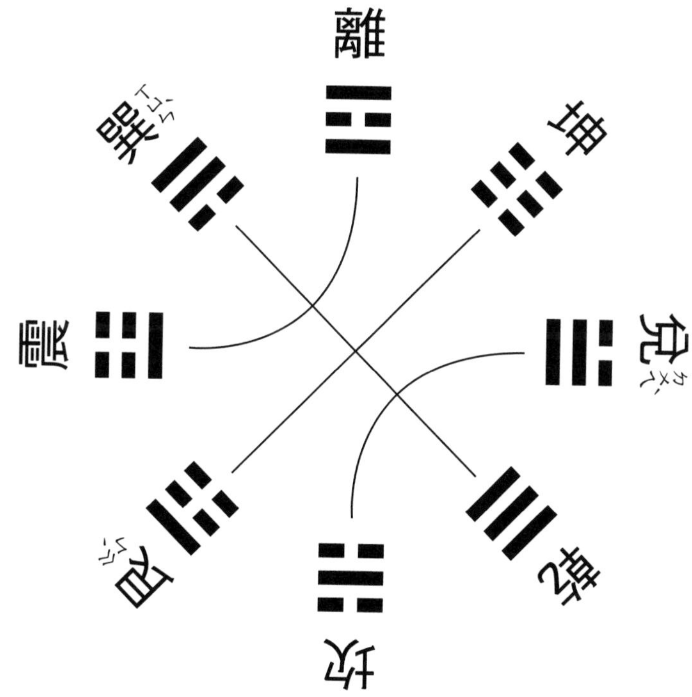

六‧陰陽五行發展各種妙用

研究易學的人士，常說五行原本不在易學之內。然而易學廣大包容，又怎麼能夠將五行排斥於外呢？後天八卦的卦位，從震開始，依次為巽、離、坤、兌、乾、坎、艮，即在說明太極既分陰陽之後，便播五行於四時。震巽二木主春，故震在東方，巽東南次之。離火主夏，所以位於南方。兌乾二金主秋，兌為正秋位在西方，乾西北次之。坎水主冬，為北方之卦。土主四季，所以坤土位於夏秋之交，為西南方。艮土在冬春之交，位於東北方。為什麼震巽為木、兌乾為金、坤艮為土？因為木金土為形生，有形有質，所以分陰陽。坤為陰土，所以處陰地；艮為陽土，因此居陽地。震為陽木，居正東；巽為陰木，近南而接乎陰。兌係陰金，位於正西；乾為陽金，所以近北而接乎陽。為什麼水火不分陰陽？因為水火是氣生，由坎離來代表。

先天八卦重八象，後天八卦配合五行，演化出很多方術。加上天干（甲象徵陽氣包藏於甲殼之中，待時而出。乙表示車輪運轉，陽氣脫甲殼而出。丙代表陽火炳明而光耀。丁象徵物丁壯而成。戊意謂茂盛。己即為「起」，表示萬物繁茂而立於地。庚即為「變更」，萬物由繁茂而轉變。辛便是「收斂」，萬物由繁茂而收斂。壬代表「妊孕」，陽氣養於內。癸即是「揆度」，陽氣由水揆時而生），地支（子、丑、寅、卯、辰、巳、午、未、申、酉、戌、亥，表示陰陽變化的自然規律，與地球自轉及公轉密切相關），變化萬千，各有妙用。我們還是先把八卦的道理體悟清楚，再來研用也不遲。

後天八卦配合五行圖

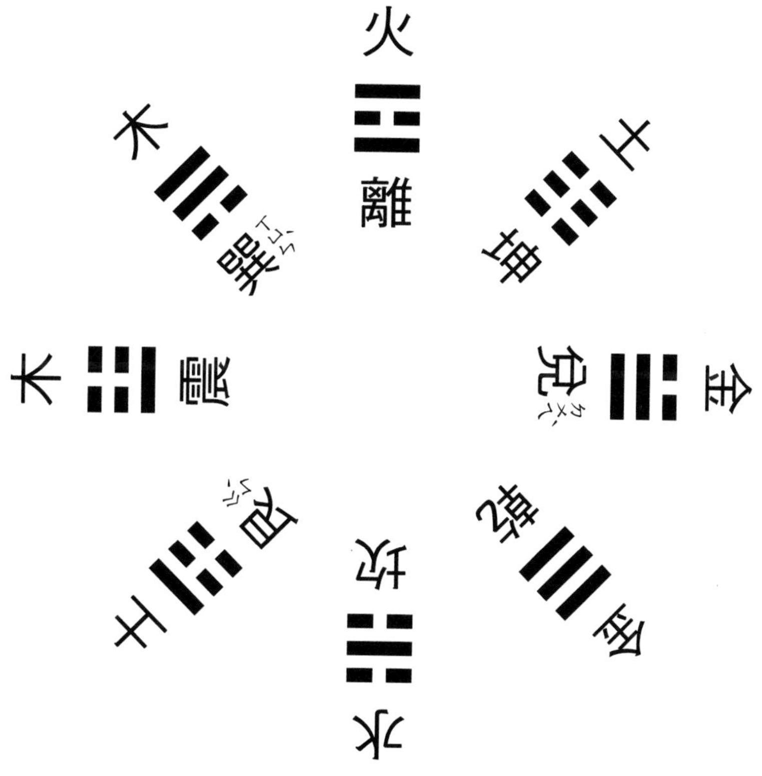

我們的建議

1 由伏羲、文王到孔子贊易，都是依據一畫開天，可以說由「象」入手，以象數推理。透過持經達變，有原則地因人、因事、因時、因地而制宜，務求合理開物成務。

2 老子認為伏羲一畫開天，主要在闡明天道，卻受限於當時傳佈工具不足，才不得不由「象」入手。他假設宇宙萬物的本體為「道」，把易學的形上方面，發揮得淋漓盡致。老子和孔子，可以說是一向上、一向下，彼此分工合作。

3 「道」先天下生，而且永恆存在。天地萬物，都是道所生的產物。先後天八卦，天干地支、五行，當然也不例外。道是易學的根本，象數理氣和占卜，以及各種方術的運用，都是道的產物，可以相互印證，彼此交流。

4 老子、孔子雖然有道家、儒家的區分，但這只不過是居於研究的方便。實際上，可以說兩家都是在發揚易學、宣揚易學。甚至於占卜，我們也應該加以包容，妥善運用。

5 孔、老以後，儒家與五行思想結合，道家向氣化方面發展，產生許多非儒非道、亦儒亦道的學派，以致占斷災異、命學、堪輿（ㄩˊ）、姓名學等等，反而比易理更受到人們的注意。

6 我們奉勸各位，最好老老實實，先把易理探究明白，以期能夠應用在自己的日常生活當中。至於其它方面，稍為知悉便好。若要深入研究，恐怕會費盡半生精力，卻難有功效。

《第三章》

怎樣
以誠溝通天地人？

道產生天地人，是共同的根源，
天地人都由道產生，所以能夠合一。

一本萬殊，表示萬物各有其生存之道，
然而萬變不離其宗，全都離不開大道。

道有正道，當然也有偏道，
這才合乎「一陰一陽之謂道」。

人類有偏道的傾向，必須由偏復正，
這需要修養的功夫，人人皆以修身為根本。

宇宙萬物的共同本性，是一個「誠」字，
我們只要至誠不息，便是由己及人，推廣出去。

從這一端的誠，推及天地萬物的誠，
君子自強不息，便是不斷以「誠」溝通天地人。

一、道是天地人的共同根源

老子《道德經》指出：「道」是自本自根的，先天地而生，卻能夠產生天地萬物。天地人都是「道」的產物，所以「道」是天地人的共同根源。有了「道」做為共同根源，天地人才得以順利溝通。對人類來說，「道」就是行走的道路。人生是我們每一個人，自己走出來的歷程。我們的人生道路，各不相同，也就是各有不同的生存之道。俗語說：「你走你的陽關道，我過我的獨木橋」，便是人各自志，不必勉強求其一致。人類有生存之道，一切現象的生滅，也各有其不一樣的道。「天道」代表自然法則，就是自然現象所走的道路；「人道」則是我們的言行法則，也就是人事現象所走的道路。

《易經》六十四卦，可以說是「宇宙人生六十四種可行的道」。特別是乾卦的「自強之道」，坤卦的「順承之道」，成為人人必走的基本大道。然後屯（ㄓㄨㄣ）卦的「始生之道」，蒙卦的「啟蒙之道」，需卦的「待機之道」，訟卦的「息爭之道」，師卦的「克敵之道」，比卦的「得人之道」……以至於既濟的「善終之道」，未濟的「自救之道」，無一不是以「道」，通天（地）人的生存發展之道。

我們常說「求同存異」，便是以乾卦的「自強之道」和坤卦的「順承之道」，做為共同的基礎，任各人自化，各自走出不一樣的生存之道。因為「道」是無限寬廣的，而且「道」存在我們身上，卻不主宰我們。使我們有各自選擇的自由，來承受自作自受的結果，而不怨天尤人。人各有道，然而彼此相通，甚至於擴大到可以和天地自然相通，這是「天人合一」的主要依據，否則天人相隔甚遠，怎麼能夠合一呢？

道是天地萬物共同的根源
- 先天地生
- 能產生萬物
- 卻不主宰物

↓

道任由萬物自化 —— 各有其生存之道。

↓

我們有選擇的自由，但必須承受選擇的後果。

↓

在自作自受的大前提下，任選各自的人生道路。

二・道有正道當然也有偏道

既然說「一陰一陽之謂道」，我們就不得不面對「道」有「正」有「偏」的事實。慷慨好施固然是道，刻薄寡恩又何嘗不是道？

人類由天地生出來，同時由天地帶來某些東西，稱為「天賦」，也就是出生以前就具有的先天秉賦。我們的人性，包含得之於天的神性，以及得之於地的獸性。大抵以腰部為分界線：腰部以上為神性，腰部以下即是獸性。

獸性的代表，便是欲情，基本上分為生存、異性、權力和合群。人一生下來，便想盡辦法要求生存。長大後繁殖能力成熟，自然追求異性以延續後代。我們固然受到自然的限制，卻也企求改造自然。不但不願意接受他人的干涉，而且反過來還想要干涉他人，於是就產生了權力欲望。人我有同類的感覺，也有互助的需要，所以合群也是自然欲情的一種。

「神性」在現代，稱為「理性」或「理智」，為人類所獨有，成為「人之異於禽獸」的關鍵。禽獸雖有低度理智，卻缺乏高度理性。所以從這一方面來看，人類不但像神，甚至於可以說是能夠成為神。中華民族人死為大，家裡立即安排好神主牌位，來迎接甫告往生的神，實在是一種重視神性的最佳呈現。

獸性是偏道的，必須由神性來加以輔導，才能返回正道。因此以理智輔助欲情，便成為我們修身的主要法則。時時以復卦的「不遠復」自我警惕，稍有偏道傾向，便立即自我修正。一方面自強不息，各自發展；一方面還要順承大眾，得道多助。兩方面兼顧並重，時時刻刻做出合理調整，務求從偏道趨於正道，使自己的上進，達到適可而止「正」的地步。

人性包含神性與獸性

腰部以上為得之於天的神性

腰部以下為得之於地的獸性

神性即理智
為人類所獨有
所以人類不但像神
而且有機會成為神
我們把往生的祖先
當做神來祭拜
意義十分重大

人獸之別
即在於人類
能夠以
理智輔導情欲
走上正道

獸性即欲情
為動物所共有
禽獸缺乏高度理性
只能按本能生存
無法創造文明
但是人有欲情
也常常走向偏道

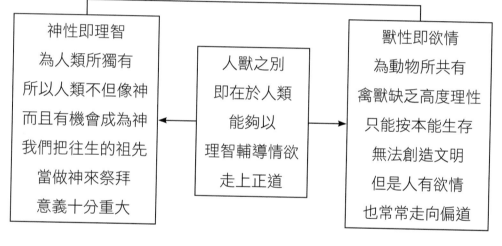

三、坤彖先迷後得的關聯性

坤卦（䷁）彖辭說：「先迷失道，後順得常。西南得朋，乃與類行；東北喪朋，乃終有慶。安貞之吉，應地无疆。」由於「道」生人卻不主宰人，任人自化。天生的各個人，都能夠各正性命。然而人有身體，也有各種情欲，想要合理加以節制，實在是談何容易！就實際情況來看，先迷失自己，反而是常見的現象。難怪老子說「反者道之動」，先迷後得，原本是正常的動。西南屬於陰方，用來譬喻現實生命受到欲情的蒙蔽；東北屬於陽方，用以譬喻陽明棄除陰迷，理智發揮導正欲情的功能。〈彖傳〉以「西南得朋」為貶辭，提醒這些貴婦團不要彼此牽引，迷戀物質財富，以免傷害丈夫、教壞子女，敗壞家庭的幸福；以「東北喪朋」為贊辭，嘉許那些以身作則，能夠感化婦女朋友，捨棄、節制不正當欲情的人，實在是功德無量。凡是迷惑於物欲的，必然走上偏道，也就是失道。倘若能夠及時覺醒，順承乾健的正道，自然可以恢復正常的人性。「得朋」指獸性的伸張，「喪朋」則是神性的發揚。得失都在一念之間，但其後果相去甚遠。「得朋」的結果，是朋比為私，彼此奢侈炫富，敗壞社會風氣。「喪朋」的好處，卻在於成為好友的典範，凡事適可而止，所以「終有慶也」。「應地无疆」，象徵牝馬的順承，必須目標正大光明，並且有始有終，才能獲得安貞之吉。乾不離坤，坤不離乾。自強不息需要目標正大，合乎正道。承順的美德，也需要正道的乾元來加以引導，才能安貞。「先迷後得」，是人生修習的正常途徑，只怕「先迷後不得」，用不著擔心「先迷」。

先迷後得

先迷

西南得朋，乃與類行

後天八卦坤在西南
與西方的兌ㄉㄨㄟˋ（少女）
南方的離（中女）
東南方的巽ㄒㄩㄣˋ（長女）
都屬陰性同類
坤在西南與同類為伴
所以說「得朋」

後得

東北喪朋，乃終有慶

後天八卦乾在西北
與北方的坎（中男）
東北方的艮ㄍㄣˋ（少男）
東方的震（長男）
都屬於陽性
陰類在此「喪朋」
反而有慶

反者道之動，先迷後得由反復正

四、柔弱勝剛強即後順得常

乾卦（☰）彖辭說：「大哉乾元，萬物資始，乃統天。」坤卦（☷）彖辭指出：「至哉坤元，萬物資生，乃順承天。」試問：「大」和「至」有什麼不同？天大到可以包地，所以稱「大」，能夠兼顧包容異體。但是地再大，也不能包天，所以稱「至」。天授氣，地承受。地的「資生」，是承自天的「資始」。地道無成，表示萬物資生，都是奉天意而行，其功屬於天。「萬物資始」，是說萬物都是由乾元創造出來的。「元」為基本精神，正因為天具有這種基本精神，所以才能夠創造萬物。乾元的精神大過了天的形體，所以說「乃統天」。坤元奉天意而「資生」，因此說「乃順承天」。乾為陽、為氣、為剛；坤為陰、為形、為柔。柔弱有利於順應陽剛，不致隨波逐流而迷失了方向。「柔弱勝剛強」，表示順著正道而行。乾坤兩卦，共同具有「元、亨、利、貞」四德，但坤卦特別提示「利牝馬之貞」，象徵地道陰柔，有如母馬依戀公馬。〈說卦傳〉指出「乾為馬」，坤把自己看成母馬，卻視乾如公馬，表示坤的柔順、體貼，願意承受天的陽剛、屈伸。乾為馬而稱龍，坤本為牛而稱牝馬，便是老子所說的：「名可名非常名」，告訴我們坤陰乾陽，才能順利完成生化作用。坤元剛開始時，尚未明白「柔弱勝剛強」的道理，以致「先迷」。後來知道生化的奧祕，自然順應自然法則而行於常道。乾的方位在西北，由陽生陰，以接于坎；坤的方位在西南，由陰化陽，以近於離。象徵天道下降，地道上承，正是天地交往循環的方式。地面有高低險阻，並非完全平正，所以坤道以順受為原則，才是常道。

柔弱為什麼能夠勝剛強？

柔弱並不是軟弱

乾剛坤柔是相對的，
不是絕對的，
剛中有柔，柔中也有剛。
乾為陽、為氣、為剛；
坤為陰、為形、為柔。
兩者互動配合，
才能夠生生不息。

以柔克剛當然勝剛強

坤柔合乾剛，
一生一成，一虛一實。
以柔成剛，以靜而動，
乾所生，而坤克生之。
逆則迷，順即常。
堅強者死之徒，柔弱者生之徒。
強大處下，柔弱處上。

五・天地之氣因人交往反復

〈繫辭・下傳〉說：「易之為書也，原始要終，以為質也。六爻相雜，唯其時物也。」《易經》這一部書，是以追溯事物的原始，加以歸納終結，用來探求事物的本質為要旨。至於複雜的六爻，只是反映某一事物，在某一時間的象徵而已。

「其初難知，其上易知，本末也。初辭擬之，卒成之終。若夫雜物撰德，辨是與非，則非其中爻不備。」六爻之中，初爻大多不容易理解，因為它代表事物的根本，比較隱密難明。上爻通常很容易理解，由於它已經是事物的末端，所以表現得相當明顯。初為本，上為末，由下而上，事物的形象便逐漸完備了。至於夾雜某些物象變化，象徵陰陽德性，要想辨識是非吉凶，那就必須從中間的二、三、四、五爻，綜合觀察研判，才能夠全面加以理解。

每卦六爻，分別代表天、人、地三才，各有陰陽兩爻。人位中爻三四回轉，交往反復，象徵輪迴無窮，其道不息。古文「以」字，即為「㠯」。六十四卦大象，除了剝卦（䷖）用「上」以厚下安宅；泰卦（䷊）用「后」以財成天地之道、姤（ㄍㄡˋ）卦（䷫）用「后」以施命誥四方；離卦（䷝）用「大人」以繼明照于四方；比（䷇）、豫（䷏）、觀（䷓）、噬（ㄕˋ）嗑（ㄏㄜˊ）（䷔）、復（䷗）、无妄（䷘）、渙（䷺）用「先王以」之外，其餘五十三卦，完全用「君子以」。所有內容，大多與《大學》、《中庸》、《論語》相符合。大大地提高了人的價值，在「贊天地之化育」方面，和禽獸拉開了極大的距離。天地之氣，藉由人道的努力，得以交往反復，而生生不息，實在非常重要！

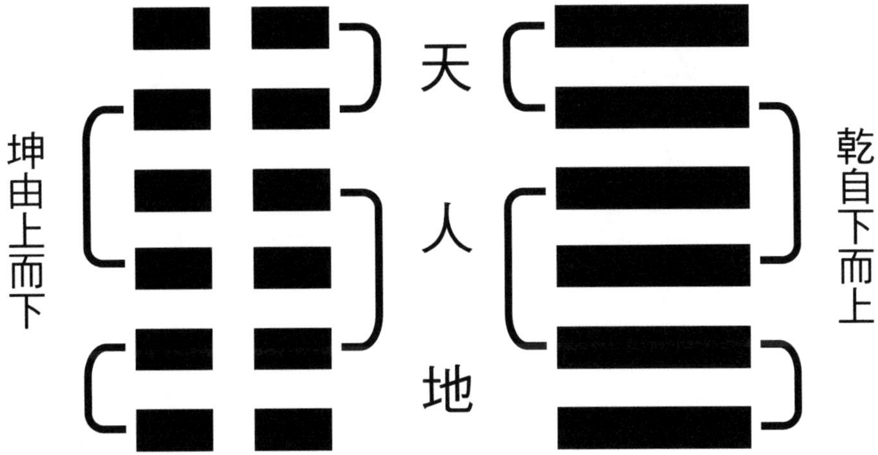

六爻交往反復
人道三四回轉

六・精誠所至能溝通天地人

乾卦（䷀）大象：「天行健，君子以自強不息。」與《中庸》所說「至誠無息」，用意相同。「至誠」為什麼「無息」呢？《中庸》說：「天地之道，可一言而盡也，其為物不貳，則其生物不測。」「不貳」便是純一不雜，「不測」即為神妙莫測。天地之道本身就誠一不二，因此能夠承載萬物，覆蓋萬物，生成萬物。

「不息」和「無息」有一些差別：「不息」指不間斷，而「無息」則是綿延進展，永不停息。《中庸》認為人的本性是誠，萬物的本性也是誠，推而及於宇宙全體，也都是誠。「至誠」便是盡力表現原本具有的誠，用以推動其他事物所本有的誠。由於誠是一體的，所以能夠贊天地之化育，溝通天地人。誠既然充滿於天地萬物，我們只要把誠的功夫做得不間斷，便可以長久地做下去，一直到無窮無盡。天的高明覆物，地的博厚載物，人的彼此感應，都來自於誠。

這種由一端的誠，推展到全體的誠，稱為「致曲」。「致」的意思是推廣、擴充，「曲」則是一端或一偏。「致曲」便是由一端擴充到全體，由一偏推廣到一般。這一端的誠，雖然只是全體的誠的一部分，但這一部分，也包含有全體的誠的本質，所以也能夠達到至誠的地步，因而產生「化」的作用。一旦有了化的功能，便由一端的誠，達到全體的誠了。「致曲」的功夫，即使不比至誠之道高明，卻比至誠之道來得重要。因為對一般人來說，我們只能寄望其「致曲」的功夫。只要從自己做起，便能夠推及其他。人人不愧於天，無論做什麼事，只要努力向前做去，總是溝通天地人的一種力量，總會有所得。

精誠所至，金石為開

儒表

儒家提出「誠」，
說誠是宇宙萬物的本質。
誠的表現在於倫理，
具體行為即為孝。
孝的倫理是宗法社會的基礎，
也是大眾奉行的儒家力量。
修道之謂教，
儒家透過道德教化導入正道。

道裏

道家直接說「道」，
說道生宇宙萬物。
道的作用在於自然，
無為而無不為。
「誠」與「道」是二而實一，
可以說是互為表裏。
我無為而民自化，
道家以無事的方法處理天下國家。

「誠」與「道」是二而一、一而二的

我們的建議

1 孟子倡導「思誠」，認為至誠可以動人，不誠便不能動人。他的說法，是居於倫理學的觀點，致力於個人心志上的努力，相當於孔子所說：「我欲仁，斯仁至矣」。

2 《中庸》把誠的層次，提高到宇宙論的觀點，指出：「誠者，天之道也；誠之者，人之道也。」宇宙的本質是「誠」，宇宙本質的發展，即為「誠之」。「誠」為體，而「誠之」為用。體不離用，用不離體，可以說體用合一。

3 《中庸》的「誠之」，和孟子的「思誠」不同。「誠之」固然是人之道，卻不限於人類，可以擴大到萬物，所以《中庸》說：「誠者物之終始，不誠無物」。「誠」充滿於天地萬物之間，卻全靠人把它表現出來，所以「誠之」十分重要。

4 「誠之」的功夫，如果做得十分充實，便能夠溝通天地人，把宇宙與人生合而為一。人到了這種地步，就可以與天地並立而為三，與「天地參」了。

5 《中庸》說：「天命之謂性。」天命即是自然所賦予的命，與老子所說「莫之命而常自然」是相同的。孔老二聖，都在說明《易經》的智慧，只是為了方便研究，才提出不一樣的主張。

6 《易經》第六十一卦為中孚（䷼），卦名的「中」，指的是內誠，而「孚」則是外信。「中孚」兩字，便是誠信的化身，以誠見信於人。我們先來看看，「中孚」與一般所說的「信」有什麼區別？

《第四章》

精誠所至

真有大效果？

中孚卦上、下四陽爻，包裹中間二陰爻，
象徵果核的仁，包在堅殼之中，十分安全。

雖然尚未顯現生機，卻是新生命的希望，
我們深信其傳承生命的生機，堅定不移。

外四陽為母鳥，中二陰即為鳥蛋，
母鳥孵育小鳥，象徵互信互動的景象。

中孚卦象外實內虛，表示中實誠信，
內以誠信存心，外以踏實踐履，即為真誠。

真誠原本是天地萬物共同的天性，
人類卻因為種種原因而自我矇蔽。

必須由人性推展到天命之性，
還我本來面目，才能溝通天地人。

一・孟喜卦氣從中孚卦開始

漢代由於秦始皇一把火燒掉先秦的經典，導致干支、五行、星象、占術、堪輿等數術，紛紛以《易經》為名，借殼上市。易學廣大，既然無所不包，當然不能加以排斥。西漢比較著名的象數易，有孟（喜）、焦（延壽），以及焦的弟子京房三家。其中，孟喜依據曆時改列文王的卦序，在易學發展的過程中，產生了頗為重大的影響。孟喜的二十四卦氣圖，從中孚卦（䷼）開始，到頤卦（䷚）為止，以六十四卦與曆時相配合，坎、離、震、兌四卦代表春、夏、秋、冬四季。中孚卦（䷼）的卦象，上下四爻為陽爻，三、四兩中爻為陰爻，象徵外剛堅而內柔弱，和我們常見的果核，十分相像。果核的仁，包在堅殼之中，雖然尚未顯現生機，我們卻相信其必有傳承的生機，所以「孚」的要旨，即在於「信」。老子《道德經》說「道」其中有「信」，便是由此而來。而《中庸》所說的「誠」，其實也是堅定的信心。後來「誠信」連用，便是誠心地相信，才會靈驗，所以說「誠則靈」。

中孚卦（䷼）緊接著即為復卦（䷗），表示在一陽來復之前，要先有一陽始生的信心，才會有一陽來復的生機。中孚上下兩卦，剛好完全對稱。好比一面鏡子，上下互相映照。彼此互相信任，共同相處。上下都以虛心的陰交接，所以稱為「中孚」。「孚」字上「爪」下「子」，象徵卵生動物孵化時，必須以爪推動卵，使其每一部分都獲得相同的溫暖，才有利於孵化。一旦幼子破殼而出，即是信的成果。中孚為冬至中氣的開始，小寒、大寒將至，我們充滿信心，一陽就要來復了！

孟喜卦氣六十四卦序

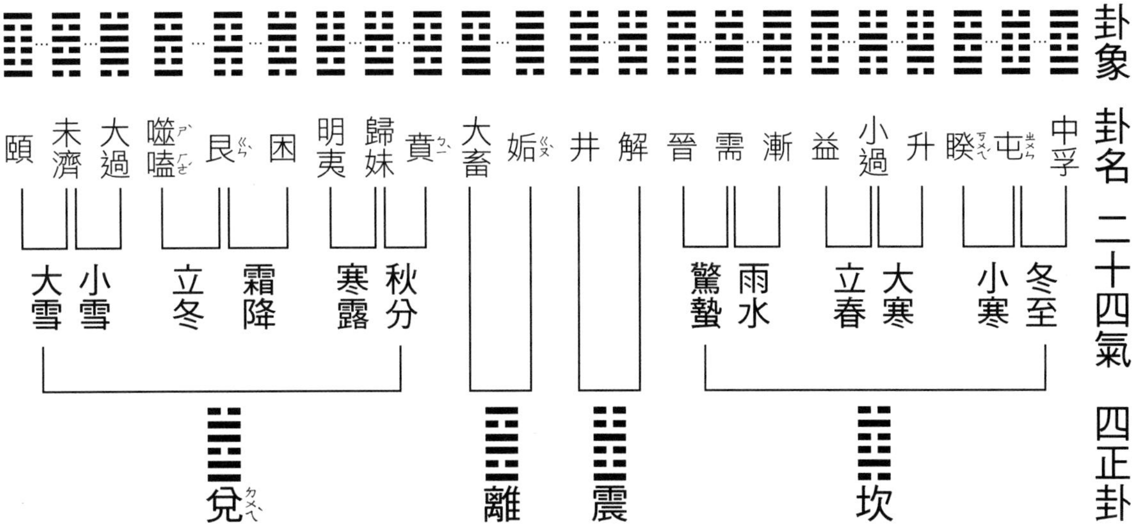
卦象
卦名
二十四氣
四正卦
中孚
屯
睽
升
小過
益
漸
需
晉
解
井
姤
大畜
賁
歸妹
明夷
困
艮
噬嗑
大過
未濟
頤
冬至
小寒
大寒
立春
雨水
驚蟄
秋分
寒露
霜降
立冬
小雪
大雪
坎
震
離
兌

二、中孚提醒大家以誠存心

中孚卦（䷼）二柔在內，象徵中虛，也就是心中謙虛。九五、九二分別居於上下兩卦的中爻，以剛居中，表示上位者具有實心，能推誠及物；而下位者具有實德，能自守以成其事。九二撫初九、九五承上九，象徵同道相親，同類相信。上下共同以誠信內感三、四於其中，所以卦名為中孚。內外皆實（初九、九二；九五、上九都是陽爻為實）而中虛（六三、六四二陰爻為虛），中虛便是誠信的根本；九二、九五又是中實（以實居上下卦中爻），成為信的性質。只要本質誠信，即使再難感動的物，也得以產生互信的感應。精誠所至，金石為開。中孚卦孚信能夠堅正，所以無物不能感動，甚至於豚魚也不例外，所以說「利貞」。

中孚卦象外實中虛，有如古代把樹幹中間挖空所製成的獨木舟。至誠以涉險，便是乘巽（ㄒㄩㄣˋ）木的空，行於兌（ㄉㄨㄟˋ）澤之上，當然利涉大川。《大學》明白指出：「欲修其身者，先正其心；欲正其心者，先誠其意。」把誠意的功夫，安放在正心之前，可見以誠存心是何種重要！《易經》所說一切一切的生，一切一切的成，都必須有乾坤的實德來加以支撐。乾生坤成，乾始坤終，一本無二，所以乾彖（ㄊㄨㄢˋ）說：「乾道變化，各正性命」。這裡所說的「乾道」，實則含有「坤道」的成分。乾道變化的利貞處，也就是坤道終成的主要依據。「乾知大始，坤作成物」，中間所串連的，正是誠信。中孚卦（䷼）便是坤卦（䷁）的三、四兩陰爻，取代乾卦（䷀）的三、四兩陽爻，構成外實中虛，告訴我們：必須時時以誠存心，彼此互信。

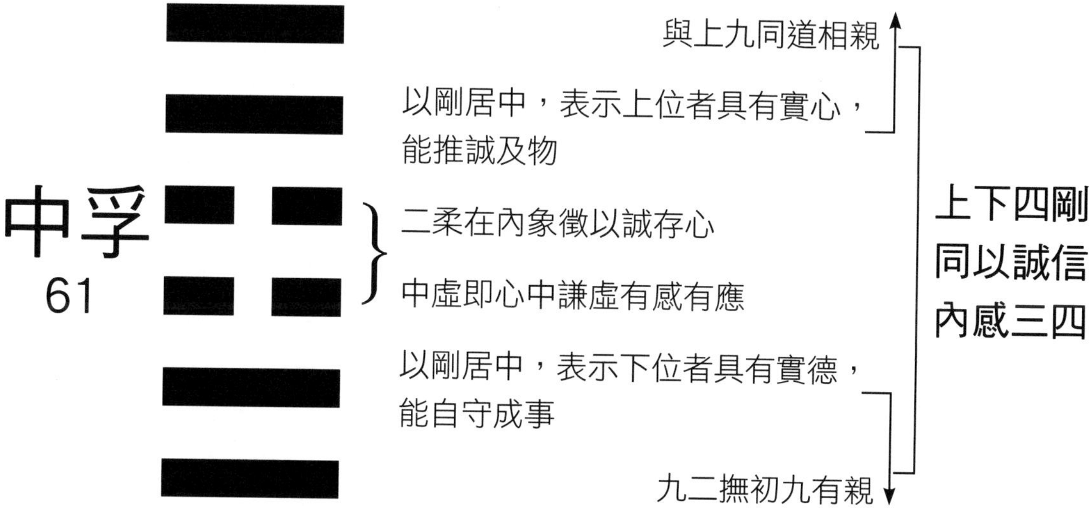
中孚
61
與上九同道相親
以剛居中，表示上位者具有實心，能推誠及物
二柔在內象徵以誠存心
中虛即心中謙虛有感有應
以剛居中，表示下位者具有實德，能自守成事
九二撫初九有親
上下四剛同以誠信內感三四

三。中虛的卦尤其重視誠信

《易經》六十四卦，具有六三、六四兩個陰爻的，一共有十六個，正好佔四分之一，比例不算大。其中上經十一卦，分別為坤（䷁）、屯（䷂）、蒙（䷃）、師（䷆）、比（䷇）、臨（䷒）、觀（䷓）、剝（䷖）、復（䷗）、頤（䷚）、坎（䷜）。下經只有五卦，分別為損（䷨）、益（䷩）、渙（䷺）、節（䷻）、中孚（䷼）。由此看來，誠果然是天之道，在人方面有加強的必要。

坤要厚德載物，必須利牝馬之貞。屯卦初始艱難，誠信為重。蒙卦啟廸蒙昧，以誠教化。師要容民畜眾，非信不可。比為親和互依，誠信是基礎。臨卦健進之象，觀卦誠敬之象，莫不重視誠信。剝卦小人得勢、君子困頓之時，必須誠信以待來日。復卦回春之象，陽剛正氣逐漸回復，宜保持誠信，以免迷入歧途。頤卦養生之象，養身、養人、養賢，乃至於養天下，必須慎言語、節飲食。習坎處變不驚，克服重重險難，必須「有孚」，也就是心懷誠信。損卦謹言慎行之象，應該堅持誠信，適時、適度損下益上，避免過濫。益卦增多受益之象，揭示損上益下時，應當心懷誠信，堅持合理，不可過於損人利己。渙卦要求散而不亂，聚而有序，必須「王假有廟」，祭於宗廟以示聚民的誠心。節卦節操之象，以「苦節不可貞」為原則，不主張過分節制，以免反而不利於正道。把中孚卦和這些同樣具有六三、六四的卦，橫向地串連在一起，再把各卦的三、四爻辭溫習體會。對於以誠存心的必要性和重要性，應該更能深入地瞭解和貫通，有助於「誠之道」的實踐。

上經11卦

序	卦名	卦象	意涵
2	坤	䷁	以誠信踐行牝（ㄆㄧㄣˋ）馬之貞
3	屯（ㄓㄨㄣ）	䷂	以誠信共渡始生之難
4	蒙	䷃	以誠信啟廸蒙昧
7	師	䷆	以誠信容民畜眾
8	比	䷇	以誠信親和互依
19	臨	䷒	以誠信敦厚容眾
20	觀	䷓	以誠信自我省察
23	剝	䷖	以誠信面壁思過
24	復	䷗	以誠信東山再起
27	頤	䷚	以誠信自養養人
29	坎	䷜	以誠信處變不驚

下經5卦

序	卦名	卦象	意涵
41	損	䷨	以誠信減少損失
42	益	䷩	以誠信增多受益
59	渙	䷺	以誠信循理聚散
60	節	䷻	以誠信合理節制
61	中孚	䷼	以誠信立身治事

誠信求合理是不易的原則

四、由象數推知八卦的方位

伏羲氏當年，由於缺乏適當的工具，不方便把最高層次的本體，明白地說出來。實際上當時民智未開，就算明說，大家也不見得會有什麼反應，還不如不說。老子看時機成熟，適時提出「道」的假說，促使大家把象背後的本體，拿出來研討。北宋邵康節透過象數，繪製先天八卦圖。先以白代表⚊，黑代表⚋，畫出八卦數位次序圖。由下而上，依「太極生兩儀，兩儀生四象，四象生八卦」的次序，獲得乾一、兌二、離三、震四、巽五、坎六、艮七、坤八的數位次序。邵康節直接從伏羲一畫開天的天道思想，依據陽先陰後的自然發生次序，太極分陽分陰，為兩儀。陽上交於陽，為太陽；陽上交於陰，為少陰；陰上交於陽，為少陽；陰上交於陰，為太陰。於是生出四象，再由四象向上發展，同樣依上交於陽、上交於陰的原則，便成為八卦。這是自然的理則，並不是人為的安排，所以稱為「先天卦序」。

然後再依乾為天、坤為地的乾坤定位，乾一坤八分別居於上下的位置。由陰極的坤八生出一陽居初位的震四，上進到二陽的離三和兌二，以至於陽極的乾一。然後陽極生陰，生出一陰在初位的巽五，反退到二陰的坎六與艮七，以至於陰極的坤八。由震四的一陽，左旋而進；由巽的一陰，右旋而反。剛好與〈說卦傳〉所說：「順天而行，是左旋也；逆天而行，是右旋也。天道左旋為順，地道右旋為逆」，若合符節。先天八卦的數位，由乾一、兌二、離三、震四是左旋，而巽五、坎六、艮七、坤八則是右旋。

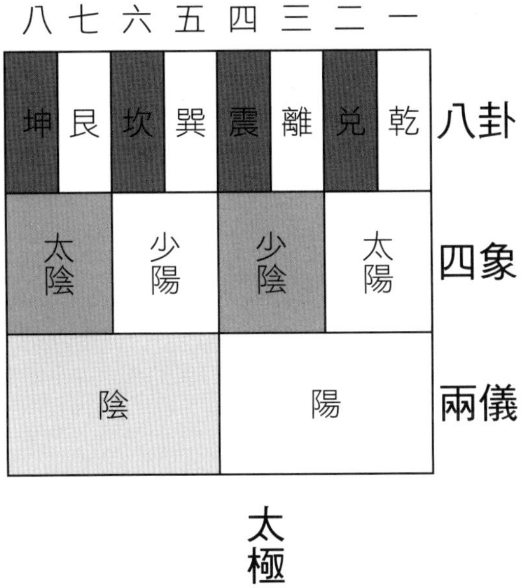

八卦數位次序圖

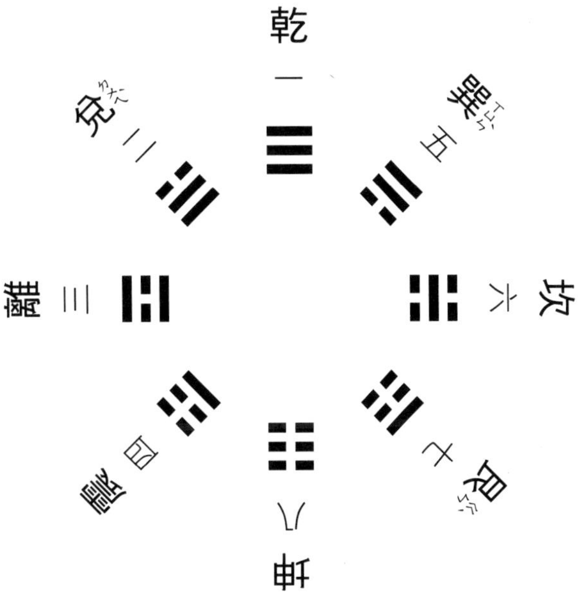

先天八卦方位圖

五、誠信觀象明理自有所悟

老子由一畫開天的象，悟出先天地存在的「道」。邵康節由一畫開天的象，悟出八卦的數位，告訴我們「天垂象，聖人則之」，是每一時代都可能發生的事情。自古迄今，即使推延到未來，人類總要仰賴大自然，彼此合作，才能夠生存發展。大自然不說話，卻經常垂象以示世人。一般人汲汲營營，只顧謀生，哪裡看得懂天垂象的用意？幸好在聖賢的指引下，尚能獲得一二訊息。現代講求平等，導致人人自以為是，認為「我就是聖賢」。又害怕得罪年輕人，被罵為老古董，於是聖賢退隱，人人但求自保。往往一知半解的人，反而大聲得很，似乎自認什麼都懂。「人無信不立」的古訓，幾乎完全忘光了！即使天老爺再苦口婆心，也只能徒嘆奈何！

觀象明理，是大家共同追求的目標。然而所用的方法，則各有不同。象中有數，這也是大家都明白的事。由數明理，當然同樣是一條坦途。老子和邵子，還有很多學易有成的子，所秉持的，實在是誠信。老子感嘆：「吾言甚易知、甚易行」，但為什麼天下莫能知，莫能行？邵康節依據生生不息、循環不已的原理，提倡宇宙周期論，稱為《皇極經世》。認為整個宇宙和人類，經過一大元之後，便要全歸毀滅，然後重新開始，慢慢由氣體、液體、固體、星球而生長植物、動物和人類。其主要用意，應該是設法盡力延長，但長久以來，卻一直被忽視。其主要原因，即在缺乏誠信。以不誠之心，度純誠之直，當然埋沒了很多珍貴的資訊。「畏聖人之言」，看來也是值得重視的一種誠信，亟待恢復！

十二、三十、十二、三十的循環法則

（一年十二月，一月三十日，一日十二時，一時兩個三十分）

↓

一元十二會、三百六十運、四千三百二十世、十二萬九千六百年……

一會三十運、三百六十世、一萬八百年……

一運十二世、三百六十年……

一世三十年……

↓

邵康節的「元、會、運、世」是說：
元之上有元，世之下有年、月、日、時。

六、由人性擴展到天命之性

孟子重視人性，也談得很多。但他只談「人之性」，認為與「犬之性」、「牛之性」有所差異。重點在提高人的地位，加重人的責任。孟子提醒大家：人必須與禽獸拉開距離，善盡「參天地之化育」的責任。《中庸》所說的「性」，範圍十分廣大，把人類、物類的性，全部包含在內。凡出於自然所命的，都叫「性」。因此開宗明義，即指出：「天命之謂性」。人有人性，物有物性，都來自天命，也都叫做「性」。人或物，各自遵循本性自然發展，所採取的行動即為「道」，所以說「率性之謂道」。人類由於天命中特別帶有創造性和自主性，因此多了一種教化的作用，那就是按照道德的原則來修養自己，叫做修道，所以說「修道之謂教」。「道」介乎「性」與「教」之間，告訴我們：天有天的特性，稱為「天之道」。人是需要教化，成為人的特性，稱為「人之道」。「天之道」和「人之道」的溝通媒介，即為「誠」。天代表大自然，屬於自然而然的誠。人是物的總代表，透過誠來建立人生的法則，以及人對待天、物的法則。有誠才有道，沒有誠就沒有道。表現所本有的誠，就叫做「盡性」。由於「誠」是天地萬物共同的本體，所以盡人之性即能盡物之性；能盡物之性，便可以「贊天地之化育」，也就是能夠「與天地參」了。

現代重視環境保護，真正的關鍵，就在於由人性擴展到天命之性。現代人禽之辨，應該更加珍視人之所以為人的神聖責任，以誠信對待、保護天地萬物，非人類莫能擔當，這種難能可貴「與天地參」的效果，必須早日實現！

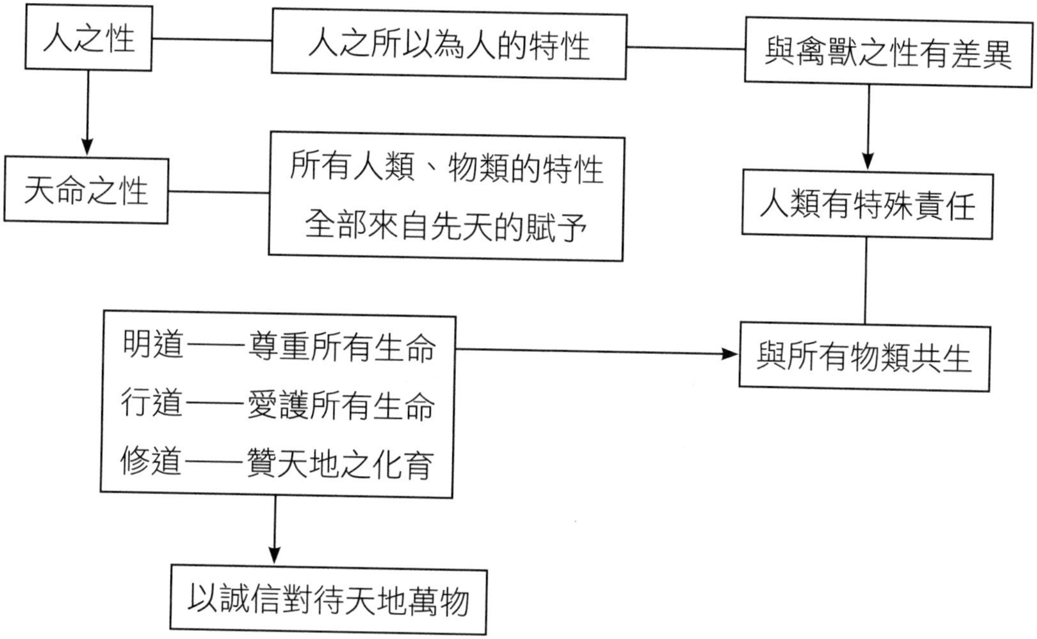
人之性
人之所以為人的特性
與禽獸之性有差異
天命之性
所有人類、物類的特性
全部來自先天的賦予
人類有特殊責任
明道——尊重所有生命
行道——愛護所有生命
修道——贊天地之化育
與所有物類共生
以誠信對待天地萬物

我們的建議

1 任何學問，都應該由天道入於人道。順應自然的學問，才是有益無害的。不可以用人智來破壞自然，這才是對自然的誠信。我們不忘本，便應該愛護賴以生存的自然環境。二十一世紀，必須是愛護環境的時代。

2 對自然誠信，最好秉持老子「自賓」的心態，把自己當做是地球上的賓客。固然賓至如歸，也務須愛護居住的環境，維持整齊、清潔、安全，不任意加以改變。

3 我們既然是宇宙的過客，就應該自律，表現得像良好的客人那樣，受到主人的歡迎。即使有一天離開了，也會受到「歡迎再來」的期待，覺得十分有價值。

4 天生真誠的人，自然而然地符合上天的原則，《中庸》說這樣的人是聖人。我們一般人，只有明白什麼是善，才能使自己真誠。只有使自己真誠，才能孝敬父母。也只有孝敬父母，才能獲得朋友的信任，並進而得到上級的支持。

5 《中庸》一再強調真誠的巨大作用，便是希望我們能依據真誠的原則來明善修德，光大和弘揚我們應有的倫理道德觀念。易傳的要旨，其實也在於此。《中庸》所說的道理，可以說是易傳的延伸。

6 中孚卦（䷼）的「利貞」，即是存心純正，才能以真誠感化他人。有如天不需要言語行動，而萬物都能順著時令而滋生長養。我們接下來便要看看「中孚卦」是怎樣說的。

《第五章》

中孚卦
為什麼要利貞？

我們常說「精誠所至，金石為開」，
用來解釋中孚之道，應該十分貼近。

自己管好自己的誠信，不必計較他人的反應，
因為日久見人心，經得起時間考驗，才見真誠。

立信之先，必須想想是否合理？以免妄信。
信而有實，必然獲得呼應，這才合乎天道。

倘若上下不和，很容易造成誠信不易的惡果，
近臣必須避免功高震主，否則對雙方都極為不利。

明君自我克制，以堅持誠信獲得大家信任，
組織各階層守分盡責，誠信配合，同心協力。

倘若名不符實，或名過其實，
都不可能是真誠的互信，必招凶禍。

一、立信之初先想合不合理

中孚卦（䷼）下兌上巽，卦名中孚，是心懷誠信的意思。卦辭說：「中孚，豚魚吉，利涉大川，利貞。」「孚」字由「爪」和「子」合成，為禽類孵卵之象。在《易經》中，「孚」都解釋為「信」。然而「中孚」不同於尋常的「信」，九五和九二都以陽實實中，表示誠實於內心。誠實到能夠感動豚魚，當然十分實在。因為「豚」即小豬，「魚」應該也指小魚。連小豬、小魚這些小動物，都能感覺到誠信，可見已無所不至，當然吉祥。「利涉大川」，表示任何地方都能夠通達。但是凶邪歪道之處，最好不去，所以說「利貞」，正常貞固，必須堅持誠正才好。

初九爻辭：「虞吉，有它不燕。」小象說：「初九虞吉，志未變也。」初九在中孚卦，表示立信的開始，必須先看看這樣的立信，合不合乎倫理道德的要求？「虞」即憂慮，憂慮什麼呢？初九當位，又與六四相應，秉剛明以立信，倘若掉入利害的陷阱，有利則立，有害便不立，請問這樣的立信，有何價值？所以依據「潛龍勿用」原則，必須先思慮立信的後果如何？應不應該？「有它」表示有其它想法，不能專心審度立信對象的合理與否？「燕」為安，「不燕」便不安了。為了自己的誠信，反而害了他人，或者為他人所利用，當然不安。初九爻變成渙卦（䷺），象徵沒有把握的立信，頗有風險。必須堅定自己的意志，遵循合理的方式立信踐行，合乎「履信思乎順」的原則，才能吉順。倘若動機不純正，是為了其它的原因而立信，那就不安了。換句話說，不正當的立信，必須自己承擔立信的後果，當然要事先憂慮，以免惹禍。

中孚 61

䷼

初九，虞吉，有它不燕。

初九陽剛當位，又與六四相應，象徵所信的也得正。孚信的開始，必須謹慎判斷是否真的可信？初九依據「潛龍勿用」的主導原則，先思慮立信的後果，務求慎始善終，方見真誠。「虞」即憂慮、考量，事先具有憂患意識，才能吉順。「有它」是另有其它想法，譬如先相信，看看對自己有無好處？有才信，沒有就不信。「不燕」即是不安，有了這些不正當的念頭，遲早會引起不安。初九爻變為渙卦，表示沒有把握的誠信，頗有風險。

合理的人事，才能夠立信。

二・信而有實自然獲得呼應

中孚卦（䷼）彖辭說：「中孚，柔在內而剛得中，說而巽，孚乃化邦也。豚魚吉，信及豚魚也；利涉大川，乘木舟虛也；中孚以利貞，乃應乎天也。」「柔在內」，是指六三、六四兩個陰爻，居於全卦的內部。「剛得中」，則是九二、九五兩陽爻，分別居於上、下卦的中位，象徵中有誠信。下卦為「兌」為「悅」（說），上卦為「巽」為「順」。柔在內虛懷若谷，令人喜悅。由於孚道的作用在化民成俗，所以剛得合理，才能奏效。「豚魚」代表基層的民眾。連基層民眾都能感受到這種至誠，普天之下，當然也就沒有感化不了的人了。「木、舟、虛」都是指船，由於合乎天道，堅守貞正，所以暢行無阻。啟示我們：以誠信教化人民，乃是最佳途徑。

九二爻辭：「鳴鶴在陰，其子和之；我有好爵，吾與爾靡之。」小象說：「其子和之，中心願也。」九二以陽居陰位，處下兌之中，象徵心中誠實。但為六三、六四兩陰所乘，好比鶴鳴於陰僻的處所。「其子」指初九，由於初居始位，有童稚之象，位置又在九二之下，所以稱為「子」。聽到九二鳴鶴在陰，初九以和音來祝賀，所以說「其子和之」。九二爻變成益卦（䷩），表示誠象相比，有如鶴鳴子和，並不滲雜任何利害關係，對彼此都有益。這時候下卦為震，形如酒器，因此說「我有好爵」，可以盛好酒與你（初九）共享誠信的快樂。初九為什麼要和九二唱和？因為誠信原則十分堅定的初九，發現九二的誠信是由衷而發，於是也自然而然地隨心應和。九二和初九的共鳴，都是出自內心的願望，並無絲毫虛偽或摻雜任何利害關係，這樣的誠信最為可貴。

中孚 ䷼
61

九二，鳴鶴在陰，其子和之；我有好爵，吾與爾靡之。

九二處內卦中位，有中孚的實德。與九五居外卦中位，有中孚的實心，上下相知，同道相交。有如鶴鳴子和，並不滲雜任何利害關係。也可以說九二以陽居陰位，處下兌(ㄉㄨㄟˋ)中爻，象徵心中誠實，但為六三、六四所乘，好比鶴鳴於陰僻處所，其子初九以和聲來相應。九二爻變即成益卦，表示對母子都有好處，彼此真誠相比。「爵」是有事共擔、有酒分享的意思。無論是九二與九五、九五與初九，都可能有「好爵」共同維繫的默契。「靡」即維繫，所以說「吾與爾靡之」。彼此互信，有鳴有和，樂在其中，顯得十分誠信可貴！

真誠的互信，最為珍貴！

三◦上下難和造成誠信不易

中孚卦（䷼）大象說：「澤上有風，中孚；君子以議獄緩死。」上巽為風，下兌為澤。澤下巽上，象徵澤上有風，風吹澤面，水波起伏，純出於自然。君子看到這種景象，體念心中誠信，才能認真審議爭訟、寬緩執行死刑的道理。因為冤獄令人痛心，而人死不能復生，倘若有些差錯，就很難加以挽救。所以入中求出、死中求生，成為司法、執法時最主要的關鍵。中孚的道理，應該要在這方面妥為應用。

六三爻辭：「得敵，或鼓或罷，或泣或歌。」小象說：「或鼓或罷，位不當也。」六三以陰居陽位，象徵變質而不誠信。與上九相應，表示雖不當位，卻有志上行。但是六四阻擋在前，以陰居陰，又以巽順上承九五，為九五所信任。儘管六三把六四當做阻礙前進的敵人，鳴鼓而攻之，結果還是敵不過六四，表現出狼狽的模樣。六三一鼓作氣，再鼓而衰，終至狼狽而還，心裡又害怕六四會趁勢追擊，不禁悲泣起來。幸好六四履正守順，並不計較六三的侵犯，六三這才又興高采烈地唱起歌來。這種「或泣或歌」的情況，象徵六三情緒不穩定，由於自己的不誠信而表現失常，實在是處位不當，以致進退失據，喜怒無常。六三爻變為小畜卦（䷈），象徵六三與與上九相應，按照中孚之道，應該內心誠信，不求人知，才能適可而止。然而六三卻反其道而行，不但向外炫耀，而且與六四為敵，有如密雲不雨，令人失望。中孚卦（䷼）上九，有虛張聲勢的傾向，六三不用心判斷，因而受到迷惑，造成自己的失態，說來也是一種自作自受。

中孚 61

六三，得敵，或鼓或罷，或泣或歌。

六三不中不正，與上九相應，而上九也不當位。在這種情況下，六三依然有志上行，卻遭遇到六四的阻擋。因為六四當位，又以巽ㄒㄩㄣˋ順上承九五，為九五所信任，於是六三便將六四當成阻礙前進的敵人，鳴鼓而攻之，結果卻不敵六四，狼狽而逃。六三害怕六四趁勢追擊，不禁悲泣起來。幸好六四履正守順，並不計較六三的侵犯，這時六三才又興高采烈地唱起歌來。六三爻變為小畜，象徵六三與上九相應，最好依據中孚之道，內心誠信而不求人知，才能適可而止。而今卻反其道而行，令人失望。

上下倘若失和，必然不易建立誠信。

四・近臣必須避免功高震主

〈序卦傳〉說：「節而信之，故受之以中孚。」中孚卦（䷼）的前一卦為節卦（䷻），以「澤上有水」來警示大家，必須趁著湖泊還有水的時節，加強節制用水。以免到了澤無水的時候，才不得不面對困境，弄得道窮力竭。「節」是節制，不論立法節制或是自我約束，都必須以誠信待人，所以節卦後面，緊接著便是中孚卦。節卦是水在澤上，容易漫出，所以需要及時節制。中孚取渙卦（䷺）的上卦巽（ㄒㄩㄣˋ）風與節卦（䷻）的下卦兌（ㄉㄨㄟˋ）澤，告訴我們：在渙和節的過與不及之間，取得合理的平衡點。既不流散，也不強人所難地苦節，才是合理的誠信，即為中孚。

六四爻辭：「月幾望，馬匹亡，无咎。」小象說：「馬匹亡，絕類上也。」「望」指十五滿月，「幾」為接近。「月幾望」即將近十五的月，似滿未滿。《易經》物極必反，月滿蔽日，臣盛震主，對六四有害。尤其六四當位，與初九相應，又能以柔順承九五明君，與六三同僚相親比，象徵處近臣要位，得上下歡迎，有如將滿的月，叫九五怎麼能放心、安心呢？最好的方式，便是一心順承九五，拒絕與初九相應。「馬」指初九，「匹」即相應、相配，「亡」則是消亡的意思。藉著原本相應卻有意不接近的表現，使九五明白「功獻給九五，勞自己擔負」的奉獻心意，減少九五的疑懼，自然能夠无咎。六四爻變成為履卦（䷉），表示尊重禮法，不與初九同僚相應，專心順上（九五），期能无咎。六四絕對不能說說就算，或者轉瞬便忘，必須確實踐履，時時保持「花未全開月未圓」的狀態，極力避免功高震主或與九五爭奪民心，如此才能无咎。

中孚 61 ䷼

六四，月幾望，馬匹亡，无咎。

六四當位，與初九相應，又能以柔順承九五明君，與六三同僚相親比，象徵處近臣要位得上下歡迎，有如將滿的月，怎麼能夠使九五放心呢？最好的方式，便是拒絕與初九相應。「馬」指初九，「匹」為配合，「亡」則是消亡的意思。「馬匹亡」指原本相應，卻有意不與初九接近，表示一心一意順承九五。以「功獻給九五，勞自己承擔」的表現，使九五放心，所以无咎。六四爻變成為履卦，象徵尊重禮法，不與初九同僚相應，對九五履行誠信。

近臣最好能功歸明主，使君王放心。

五・以誠信結合天下可无咎

人無信不立，誠信是做人處事的必要條件，這是大家都耳熟能詳的道理。然而「一陰一陽之謂道」，「中」為內誠，「孚」即外信。世間有以誠取信於人的，便有以詐盜取得信任的。卦辭說：「豚魚吉」，就是明白指出：唯有以誠取信，有如以至誠之心，感動冥頑如石頭般的小豬小魚，這樣才叫做中孚。〈雜卦傳〉把「小過」和「中孚」列在一起，說：「小過，過也，中孚，信也。」指出「小過」是小有過度，而「中孚」則是心中誠信，含有不能過度的意思。初九爻辭特別標明「虞吉」，「虞」便是測度。先用心考慮誠信的價值，然後審慎抉擇合理的度，即為「虞吉」。否則初出茅蘆，便樣樣誠信，最後必然受害甚深，導致對誠信喪失信心，反而容易遭受大環境的影響，變得比其他人更不誠信。

九五爻辭：「有孚攣如，无咎。」小象說：「有孚攣如，位正當也。」「攣如」指手指伸張不開的樣子。九五君位，所有目光都集中在他身上，必須時時刻刻永保誠信，好比十根手指頭緊握著孚信那樣，絕不放鬆。幸好九五當位，居上巽中爻，能居中得正，以孚眾望。但是與九二並不相應，表示九五的誠信，仍未完全獲得伸張，有「攣如」的現象。倘若因此而放棄誠信，認為做到這樣的地步，依然有人不能全信，備受委屈而沮喪失志，那就不免有咎了。九五爻變即成損卦（䷨），表示九五當位，應該可以懲忿窒欲，自我克制，「有孚攣如」而无咎，所以小象說：「位正當也」，下面省略掉的「无咎」，才是重點所在。九五一陽而下率兩陰，有如繩索相連而不離，應該可以集中孚於一身，當能无咎。

中孚 61 ䷼

九五，有孚攣如，无咎。

九五君位，居中得正。「攣如」是手指伸張不開的樣子，象徵所有的目光，全都集中在九五身上，必須時時刻刻，永保誠信。好比十根手指頭緊握著孚信不放鬆，才能无咎。九五與九二並不相應，表示九五的誠信，仍未完全獲得伸張，有「攣如」的情狀。九五爻變即成損卦，象徵九五當位，應該可以懲忿窒欲，自我克制，「有孚攣如」而无咎。

領導者懲忿窒欲，自我克制以堅持誠信。

六、名過其實的誠信必有凶

《易經》的卦名有取象的，如下坎上坎為習坎（䷜），表示重險；有取義的，如下坤為地，上離即明，由於明出地上，取名為晉卦（䷢）；有就上下卦互換位置而取名的，如地天泰（䷊）與天地否ㄆㄧˇ（䷋）；也有就上下卦的爻位互換來命名的，如泰卦（䷊）的九三與上六互換，即成損卦（䷨），意思是損下益上，損而有孚。中孚卦的取名，可以說屬於取象的，二陰居中，四陽分成兩半，行於上下，象徵中以安貞而有順承的心，上下剛健共助中道以行。但是卦名中孚，仍有由於位不當而不孚的爻——六三得敵，或鼓或罷，位不當也；上九無位、無時，雖登於天而無所托，當然貞凶。

上九爻辭：「翰音登于天，貞凶。」小象說：「翰音登于天，何可長也？」「翰音」指飛鳥的鳴聲，「登于天」為上九居九五之上，好比飛鳥的鳴聲上達於天。隨風高飛，虛而不實。上九位於中孚卦的極高處，象徵時已窮，用「翰音登于天」來形容其以無為有，虛誠以求名。倘若堅持不改變，必然有凶禍，所以說「貞凶」。上九爻變為節卦（䷻），表示上九最好自知節制，自反於初爻，然後乘位依時而行，挽回實質的中孚。倘若不知節制，勢必難以持久，所以說「何可長也？」上九名過其實，招致凶禍；初九心志純誠未變，因而吉祥。這是上九必須在真實無妄與虛情假意之間，做出正確的抉擇，及早改變自己，才能化凶為吉。誠信是自古以來便為大家所重視的道德規範，不但現代人不能忘記，即使未來，相信只要有人群社會存在的地方，都將是不可或缺的德目。

中孚 61 ䷼

上九，翰音登于天，貞凶。

「翰音」即飛鳥的鳴叫聲，「登于天」表示上九居九五之上，好比飛鳥的鳴叫聲上達於天，隨風高飛，虛而不實。上九位於中孚卦的極高處，象徵時已窮，有如「翰音登于天」，以無為有，虛誠以求名。若是堅持不變，必然有凶禍。上九爻變為節卦，表示上九最好自知節制，自反於初爻，然後乘位依時而行，以挽回實質的中孚，如此才能化凶為吉。

名過其實的誠信虛而不實，必有凶禍。

我們的建議

1 中孚卦（䷼）巽風在兌澤之上，二五剛陽，分居兩個中位，象徵中心誠信，才能誠於中而孚於外。表裏一致，衷心至誠無欺，令人感動，以致無事無物不能感通。

2 「議獄緩死」並非姑息養奸、敗壞社會風氣，而是秉持人性共有的真誠，像風那樣周歷民間，訪察隱情，慎重審判，以免造成冤獄。緩免死刑、囚而不誅，用意在以刑獄教人。所以緩死並非廢除死刑，而是昭大信於天下。

3 審慎處置死刑，才是緩死。譬如殺人者死，依法應該判處死刑，但是在判決之前，先在死中求其生。倘若真是罪有應得，即應判以死刑。也就是說，在判決之前，再延緩一些時日，多方研判是否有疏失之處？若是確定無誤，當即執行死刑，絕不姑息。

4 中孚卦（䷼）的要旨即為誠信，為什麼不直接用誠信為卦名，反而要說中孚呢？因為中孚並不是通常所說的誠信，還必須加上合理做為標準。合理的誠信，才叫做中孚。

5 中孚卦（䷼）居中的三、四兩爻，都是陰虛，表示心中誠信，卻沒有求人相信的企圖。倘若存心要取信於人，難免摻入利害關係，結果往往適得其反，令人難以相信。

6 中孚（䷼）的錯卦是小過（䷽）。若是一味堅持真誠，以致不敢逾越尺度，往往導致自縛手足，但求不做不錯，反而難見真誠。下一章，我們就要來看看「小過卦」，以求能夠彼此對應而得其中。

《第六章》

小過卦
主要在講什麼？

山上有雷，表示雷在山上震動，
聲音之大，超過平常，所以名為小過。

小過（䷽）上、下卦交換，即成頤卦（䷚），
表示違乎頤養天下之道，只能小事為之。

小過（䷽）卦象二陽包含在四陰之中，
好比一股熱能為陰寒所蒙蔽，而不見光明。

小過（䷽）的形狀，有如一隻小鳥，
正在學習飛翔，難免會犯一些小錯誤。

小過（䷽）與中孚（䷼）相錯，
象徵小過之過，大多失于中孚，才成其過。

不怕小過，能改就好，如此才能突破難關，
若是要犯大過，那就要百般思慮，謹慎為是。

一．盲目飛躍猛進自招凶險

小過卦（䷽）揭示：在小事上若有稍許過度，唯有態度守正謙恭，才能為世人所接受。卦辭說：「小過，亨，利貞。可小事，不可大事；飛鳥遺之音，不宜上，宜下，大吉。」「小過」是卦名，為什麼「亨，利貞」呢？因為品質管制必有其上下限度，只有超過這個限度的，才會被視為不良品。所有在上下限之內的產品，都是良品。而這些合格的良品，不可能百分之百相同，多少都會有一些差異，稱為「小過」。對小事來說，界限或可稍為放寬；但是大事就必須更加嚴格。有如鳥性喜愛飛翔，若是一直向上飛，到了精疲力盡時，恐怕想飛回來都很困難，那時候發出將死的哀鳴，只宜向下，不應該再向上，才是大吉。凡事有稍許差錯，必須以飛鳥過高為戒，及早返回以策安全。

初六爻辭：「飛鳥以凶。」小象說：「飛鳥以凶，不可如何也。」初六以陰柔居於陽剛之位，象徵無才卻冒充有才。處於下艮(ㄍㄣˋ)的初位，卻與上震初爻相應，有如小鳥不知自止，偏要向上高飛。由於不明白「宜下不宜上」的順逆形勢，以致發生哀鳴，當然是凶禍。鳥高飛不下，相當於人愚而好自用。因為利祿誘惑，只要按捺不住，克制不了自己，任何人都有可能盲目向上追求而沖昏了頭。原本安居下位的，也受到不正當的激勵，逆理上進，因而反吉為凶。這種不知輕重，自招其禍的結果，實在是咎由自取，無可奈何。初六爻變為豐卦（䷶），表示看起來喜樂，實際上卻必須憂慮。倘若不明白柔居下位，展翅也難飛的道理，必然會因為自不量力而自招禍害，任何人都挽救不了了！

小過
62

初六，飛鳥以凶。

初六不當位，象徵以無才冒充有才。處於下艮（止）初位，卻與上震（動）初爻相應，表示不知自止，有如小鳥不自量力，偏要向上高飛。由於不明白「宜下不宜上」的順逆形勢，以致發生哀鳴，當然是凶禍。初六爻變成豐卦，象徵看起來喜樂，能夠向上飛翔，實際上卻必須憂慮。倘若不明白柔居下位，展翅也難高飛的道理，那就必然自招凶險了！

盲目飛躍以求猛進十分凶險。

二．降格守分應該可以无咎

小過卦（䷽）彖辭說：「小過，小者過而亨也。過以利貞，與時行也。柔得中，是以小事吉也，剛失位而不中，是以不可大事也；有飛鳥之象焉，飛鳥遺之音，不宜上，宜下，大吉，上逆而下順也。」「小過」意指小有過度，在小事上由於情況特殊而稍有過分，仍可亨通，但是限定在特定的時機才能施行。六五、六二陰柔居中，表示在小事方面才能吉祥；九三、九四不正也不中，象徵不可施行於大事。全卦陽內陰外，有如飛鳥的樣子，鳴叫聲那麼微弱，警示已經飛得太高，十分危險，此時不宜再向上了，必須趕快下降以求安棲，如此才是良策。因為過於向上即為違逆，向下安棲才能順利。

六二爻辭：「過其祖，遇其妣，不及其君，遇其臣，无咎。」小象說：「不及其君，臣不可過也。」「祖」是祖父，指九四。「過其祖」即為超過其祖父，由於六二居中得正，有「不習无不利」的秉性，所以尊重九三如父、九四如祖。與六五同為柔道，也尊重如妣，也就是祖母。六五位居九三、九四兩陽之上，六二必須超過祖父，才能與六五之君相遇。自知君為大位，不宜再行超越，於是適可而止，保持六五為君、六二為臣的禮制，必無禍害。既然自知是臣，就不應該超越君位，這是六二稍過而適中的優良表現，所以无咎。六二爻變為恆卦（䷟），表示六二柔順，能恆久地心甘情願居於六五之下，只能超越九三、九四兩陽，卻尊重六五如祖母，不逾越君臣之禮，相當於六五得遇良臣，當然是好現象。原本六二與六五並不相應，由於能適可而止，也就无咎了。

小過 62

六二，過其祖，遇其妣ㄅㄧˇ，不及其君，遇其臣，无咎。

「祖」是祖父，指九四；「妣ㄅㄧˇ」是祖母，指六五。六二當位，居中得正，具有「不習无不利」的秉性，所以尊重九三如父、九四如祖、六五如祖母。六五君位，居九三、九四之上。六二要與六五相遇，必須超越九三、九四，所以說「過其祖，遇其妣ㄅㄧˇ」。六三與六五相遇，自知君為大位，不宜再行超越，於是適可而止，不逾越君臣之禮，使六五有知遇良臣的好感，因此无咎。六二爻變為恆卦，表示六二柔順，能恆久心甘情願地居於六五之下，所以无咎。

適時降格守分，應該可以自保无咎。

三、恃強隨和不知戒備凶險

小過卦（䷽）大象說：「山上有雷，小過；君子以行過乎恭，喪過乎哀，用過乎儉。」上震為雷，下艮為山，象徵山上有雷。我們平常所聽到的雷聲，大多是在地下或空中。山上的雷聲，似乎有一些過分，所以取名為「小過」。平常聽不到這樣的雷聲，有大過於正常的感覺。雷動於上而山止於下，表示止於內而動於外，止難以制動，不免小有過度。君子看到這種自然景象，警覺民俗樸素，君子待人就要更加謙恭；人情淡薄，臨喪不哀，君子居喪時更為悲傷哀戚；世風奢侈浪費，君子更是粗茶淡飯，過著更加儉省的日子。用這種矯枉過正的態度，來改變大眾的過失，才是配合時宜的方式，使大眾能夠取法乎上，而得乎中。

九三爻辭：「弗過防之，從或戕之，凶。」小象說：「從或戕之，凶如何也？」九三當位，居下艮究位，為艮止主爻。上六以小人處小過卦的極位，與九三相應。九三理應加以防止，以免受害，卻由於自恃強盛，警覺性不高，竟然與上六相應。「弗」為不能，「過防」是稍為過度地小心防備。「從」即隨著，「戕」即殺害。九三對上六不能稍為過度地提防，緊隨著遭受傷害，實在是凶由自招。所以小象感嘆地說：又有什麼辦法呢？九三爻變即為豫卦（䷏），表示「從或戕之」——「或」字有可能的意思，象徵九三有止過的責任，卻不能預先做好準備，及時加以防止，反而隨聲附和，以致因盲從而有凶險。倘若不要如此逞強，隨隨便便附和上六，自然就會明白自己是艮止主爻，應該及時加以自制，適可而止，便不致遭受戕害了。

小過 62 ䷽

九三，弗過防之，從或戕ㄑㄧㄤˊ之，凶。

九三當位，為下艮ㄍㄣˋ主爻，與上六相應。由於上六以小人處小過的極位，九三必須加以提防，以免受害。然而九三自恃強盛，警覺性不高，竟然不知加以提防。「弗」為不能，「過防」即稍為過度地小心防備。「從」是隨著，「戕ㄑㄧㄤˊ」即殺害。九三不能稍為過度地防患，緊隨著便遭受傷害，當然是凶禍。九三爻變成豫卦，象徵「從或戕ㄑㄧㄤˊ之」──原本有止過的責任，卻不能及時自制，以致盲從而使自己陷入險境。

自恃強盛盲目隨和，不知戒備自招凶險。

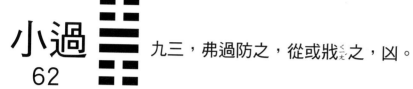

四、一味剛強用事終不可長

〈序卦傳〉說：「有其信者必行之，故受之以小過。」小過卦（䷽）的前一卦為中孚卦（䷼），講的是誠信。心存誠信，必然果決地實踐自己的意志。由於放手去做，反而難免稍有過度，所以接下來便是小過卦（䷽）。倘若連小有超過，也不能接受，一切都必須合乎預定的標準，不許逾越，那就容易造成「多做多錯，少做少錯，不做不錯」的偏差心態，更加得不償失。標準訂得太死，難以施行。訂得太寬，又等於沒有標準。因此需要不一樣的彈性，最好斟酌事情的性質，小事彈性不妨大一些，大事反而不宜太大，所以卦辭才指出：「可小事，不可大事。」影響的程度不同，所以彈性的大小有異。九四爻辭：「无咎，弗過遇之，往厲必戒，勿用，永貞。」小象說：「弗過遇之，位不當也；往厲必戒，終不可長也。」九四以陽剛處陰柔之位，又在上震的始位，象徵才德足以防止過犯。但是顧慮自己人微言輕，以致不敢越位有所作為。這種不為過剛的作風，遇到初六的「飛鳥以凶」，剛好由於九四的不過分而得以无咎。九四原本與初六相應，倘若不知自制，隨著初六愚而自用，那就有咎了。「弗過」的意思，就是不越位而有所作為，與初六相應，所以說「遇之」。「往厲」指越位行事，必然有危險。「必戒」即以越位為警戒，「勿用」是有才德也不可行。「永貞」說明九四居位不當，倘若越位而為，終歸不可能長久无咎。九四爻變為謙卦（䷎），表示在這種情況下，唯有保持謙虛、禮讓的態度，高度警惕，以「弗過遇之」、「往厲必戒」來自勉，才能无咎。

小過 62 ䷽

九四，无咎，弗過遇之，往厲必戒，勿用永貞。

九四以陽剛處陰柔之位，又在上震的開始，象徵才德足以防止過犯，然而卻顧慮自己人微言輕，以致不敢越位有所作為。與初六「飛鳥以凶」相應，表示彼此正好互補，所以无咎。倘若九四不知自制，隨著初六愚而自用，那就有咎了。「弗過」指不越位，與初六遇合。「往厲」即越位行事必有危險，最好自行警戒。「永貞」說明九四不當位以勿用為宜。九四爻變為謙卦，表示保持謙虛、禮讓的態度，高度警惕，才能无咎。

剛強用事，不顧慮實際情況必有危厲。

五．上下隔絕時要發揮愛心

把小過（䷽）和大過（䷛）相比，前者二陽四陰，陽為大，陰為小，陰爻多於陽爻，所以稱為「小過」，意思是「小過於大」；後者剛好相反，四陽二陰，因而「大過於小」，稱為「大過」。「小過」是打擊的聲音大得過度，對於人事物的傷害並不大；「大過」是澤滅木，澤水將木淹滅掉，影響太大，所以稱為「大過」。大過不犯、小過不斷，對一般人來說，是正常情況。對非常人物而言，則是小過不犯，要犯就犯大過。日常小事，就算稍有過失，也容易糾正。倘若國族大事，那是不容許有小差錯的。所以犯大過的人，連小事都不能犯；實際上犯小差錯的人，往往是不夠資格犯大過的。

六五爻辭：「密雲不雨，自我西郊。公弋取彼在穴。」小象說：「密雲不雨，已上也。」六五陰居陽位，違反「宜下不宜上」的小過之道，處所有陽爻之上，與六二也不相應。陰不遇陽，不能成雨，所以「密雲不雨」。就像雲氣從西郊外湧來，「我」指六五，為小過卦主，由於震動於上，而艮止於下，象徵陽氣不能上升。也就是六五、上六陰氣密集，而九四、九三陽氣止於下而難以上升，以致密雲不能化為雨而下降。「已上也」即六五已經超越陽剛而高居在上，所以來自西效外的雲氣也只好密雲不雨。六五高取君位，卻才不當位，因此稱他為「公」。「弋」即獵射，當以天空的飛鳥為對象，可是六五射不著，反而向穴洞去捕獸，實在是昏君在位，世道昏亂。六五爻變為咸卦（䷞），表示六五最好自知小有過度，多發揮不具利害的愛心來感動人民，反而能夠普受歡迎。

小過 62

六五，密雲不雨，自我西郊，公弋ㄧˋ，取彼在穴。

六五陰居陽位，違反「宜下不宜上」的小過之道，處所有陽爻之上，與六二並不相應。陰不遇陽，不能成雨，所以只能「密雲不雨」。就像雲氣從西郊外湧來，「我」指六五，為小過卦主，由於震動於上，而艮ㄍㄣˋ止於下，以致陽氣不能上升。雖然六五、上六陰氣密集，但是九四、九三陽氣止於下而難以上升，所以密雲不能化為雨而下降。六五高居君位，卻才不當位，只能稱之為「公」。「弋ㄧˋ」為獵射，原本當以天空的飛鳥為對象，可是六五射不著，反而向穴洞去捕獸，實在是昏君在位，世道昏亂。六五爻變為咸卦，象徵六五最好能以真誠的心來感動人民，反而能夠普受歡迎。

上下溝通不良時，最好發揮愛心，真誠感化。

六・過於好高騖遠必有凶禍

小過卦（䷽）的卦形有如小鳥，中間兩陽爻好比小鳥的身體，上下各有兩個陰爻，好像小鳥展開的雙翼。彖（ㄊㄨㄢˋ）辭說有「飛鳥之象」，初六爻辭也指出「飛鳥以凶」。因為小鳥飛行，由上而下為順勢，反過來由下向上則為逆勢。凡事順勢往往輕而易舉，逆勢則象徵失去權位而無能為力。柔小者只能小有過度，萬不能所過太甚，好高騖遠，以致疏忽於小過的改正，而鑄成來日的大過。由於小過（䷽）的中互卦即為大過（䷛），所以小過必須及早發現，儘快補救，以免養成壞習慣，積重難返，造成不堪設想的後果。對小過的合理心態，應該是容許它的存在，但是必須知過即改。

上六爻辭：「弗遇過之，飛鳥離之，凶，是謂災眚（ㄕㄥˇ）。」小象說：「弗遇過之，已亢也。」飛鳥「宜下不宜上」，上六處小過的最上，象徵高飛不下，發出哀鳴。任何人只要虛名過高，就像是上六雖與九三相應，卻已超過九三甚遠，陰陽難以遇合，那就是「弗遇過之」。「離」在這裡，並不是指離開，而是罹難。飛鳥飛得太高，固然離開鳥群，孤立無援，同時罹難的危險性也會大幅提高。「災」指天災，「眚（ㄕㄥˇ）」為人禍。無論天災人禍，都有可能使高亢的飛鳥遭遇凶險。「弗遇過之」，在九四爻也出現過，為什麼无咎？因為九四在動之初，尚能勸止；而上六處於動之極，其過失已經造成，難以挽回，所以凶。上六爻變成為旅卦（䷷），表示飛鳥固然可以任意飛翔，但是快樂高飛的狀態畢竟無法長久維持。當做短期旅行當然很好，一旦長期飛行，天災人禍難測，必然有凶。

小過 62 ䷽

上六，弗遇過之，飛鳥離之，凶，是謂災眚。

上六處小過的最上位，象徵小鳥不自量力，高飛不下，以致發出哀鳴。雖與九三相應，卻由於距離甚遠，陰陽難以遇合，所以爻辭特別提出「弗遇過之」的警戒，以免飛鳥離群太遠，不但孤立無援，而且更是大幅增加罹難的危險性。九四爻「弗遇過之」，是由於在動之初，尚可无咎；但上六爻「弗遇過之」，因為處於動之極，其過失已經造成，所以凶險。「災」指天災，「眚」為人禍。無論天災人禍，都有可能使高亢的飛鳥遭遇凶險。上六爻變成為旅卦，象徵長期飛行，天災人禍難測。

倘若過分好高騖遠，追求虛名，必有凶禍。

我們的建議

1 小過不專指小有過度，稍有不及也包含在內。過與不及都稱為小過，兩者之間如何權衡取捨，和現代的品質管制有異曲同工之妙，可用心加以體會。

2 小過的特性為「柔過中」，要旨在矯正過與不及，使之能夠復歸於中。初六與上六，只上不下，過中又不能矯正，因此爻辭皆為凶。六二无咎，是因為經過矯正後復歸於中。六五如能自動向下，也有可能反歸於中。但是離中道愈遠，就愈難矯正。

3 小過卦二陽，九三過分剛強而不中，以致凶不可測。九四不同於九三，不敢冒險越位行事，所以无咎。可見同樣具有陽剛的性質，但由於時位不同，仍然應該做出不一樣的調整。

4 小事以遵循常規慣例為宜，不必處處求變，樣樣求新，以免浪費人力與物力。大事應觀察形勢，及時應變。小過（䷽）卦形如小鳥，止則安，動即凶，所以只可小事，不可大事。稍有過度時，應秉持「宜下不宜上」的原則，保持謙恭、謹慎、務實的態度。

5 小過的意思，是人的言行舉止，稍微有一些過失。山上有雷，雷聲由近而遠，由下而上，打到山上的時候，已近末尾，並無驚天動地的聲勢，因此很容易被忽略，以致一次又一次，最後累積成為惡習，必須趁早省悟才好。

6 大過叫做「罪」，其次便是「眚」(ㄕㄥˇ)，小的稱為「過」。小過有時是求善過當，於是演變成好心做壞事，反而造成弊害。知者過之，愚者不及，必須各自改正，力求合理。

《第七章》

中孚小過

為什麼互錯？

明朝易學家來知德，提出「錯卦」的觀念，
認為不知錯卦之妙，無以明象，更難以究理。

早在三國時代，虞翻就有了「旁通」的說法，
「旁通」和「錯卦」，都是陰陽完全相反的兩個卦。

陰陽相反，並不一定要矛盾、對立，
倘若能夠互相涵攝，雙方面兼顧並重，更為妥當。

中孚和小過，全卦互錯，上下卦也互錯，
細分起來，兩卦的六爻也都逐一相錯。

中孚難免小過，否則不足以表示誠信，
小過居於中孚，才不致造成大過，禍患無窮。

中孚、小過合在一起看，相輔相成，
彼此相通而不互相排斥，才能長保中孚。

一、學易者必須知錯卦之妙

明朝來知德隱居深山，達二十九年之久，所著《周易集註》，將漢象宋理的精華融合貫通，以道義配禍福，彰顯出易學的要旨。他從復卦（䷗）和姤卦（䷫）的互錯，悟出陰陽變化，由微而著、由內而外，符合自然消息的規律，於是創作「來知德兩儀圖」，並加以說明：「白者陽儀也，黑者陰儀也。黑白二路者，陽極生陰，陰極生陽。其氣機未嘗息也，即太極也，非中間一圈乃太極之本體也。」主要在表示宇宙間兩兩相對的事物，無非是一定之數。他用白色代表陽儀，黑色代表陰儀。「理」主宰了「陽極生陰、陰極成陽」的變化，而「氣」則能鼓動流行，使變化循環往復，永不停息。「理」是變化的道，「氣」則是萬物生長的機。雖然勉強分之為三，實際上卻是渾渾淪淪於一太極之中。來知德使用居中的黑白線，代替古太極圖的黑白點，便是「陽方盛而陰已生」的意思。他得意地說：「做大丈夫，把萬古看作晝夜，此襟懷就海濶天高。祇想做聖賢出世，而功名富貴，即以塵埃視之矣！」因為一年的氣象，春作夏長，秋收冬藏。放大來看歷史，自盤古至堯舜，風俗人事，以漸而長，蓋春作夏長也；自堯舜以後，風俗人事，以漸而消，蓋秋收冬藏也。他用人生來譬喻，盤古至堯舜，如初生時到四十歲；自堯舜以後，如四十歲到百年。大混沌中有小混沌，都離不開河圖的數，也就是由微而著，由內而外，循環不絕。〈說卦傳〉說八卦相錯，重而為六十四卦，也都是兩兩相錯。因此來知德主張：學易者必知錯卦之妙，才得以明象究理！

來知德太極兩儀圖

白色代表陽儀，黑色代表陰儀。
陽極生陰，陰極生陽，氣機永不止息。

二、錯卦就是旁通卦的別名

早在來知德之前，三國時代著名經學家虞翻，便已提出「旁通」的說法。他依據乾卦〈文言傳〉所說：「大哉乾乎！剛健中正，純粹精也；六爻發揮，旁通情也。」悟出偉大充沛的陽剛之氣，剛勁強健，持中守正，具有純粹不雜的德性。藉著乾卦六爻，發生變動，廣泛地通達於各種情勢。於是在這樣的基礎上，創立了「旁通」的說法。把兩個陰陽完全相反的卦，稱為「旁通卦」，互為旁通的關係。也就是這兩個卦，雙方互為旁通卦。他認為「一陰一陽之謂道」，表示陰陽並非單獨存在，所以〈說卦傳〉說：「天地定位，山澤通氣，雷風相薄，水火不相射，八卦相錯。」乾坤定位合德，用以生六子，也就是「艮、兌、震、巽、坎、離」。這六子之間，山澤異體，同氣相求而氣通，彼此往來不可分；雷風同聲相應而互相搏擊，以鼓動萬物，彼此合而為一；水火相剋，實際上卻相通而不互相射害，兩者相資相濟以為用，彼此凝而為一。八卦剛好是一陰一陽相錯的四雙旁通卦，象徵有陰必有陽，有正必有反。陽有陽根，陰有陰根，兩者同時同處並存，不過一顯一隱。藉由「陰極生陽，陽極生陰」相輔相成的正反交替作用，使萬物得以循環不已，生生不息。他進一步指出：旁通卦的對待關係，並不是一種截然互斥、不可並立的，而是一種相互涵攝、彼此聯通的關係。旁通卦一卦之陰爻，含著另一卦同爻位上的陽；一卦之陽爻，同樣含有另一卦同爻位上的陰。一顯一隱，也就是一飛一伏。只是旁通卦更重視互相涵攝的功能，使兩卦產生更多緊密的關係。

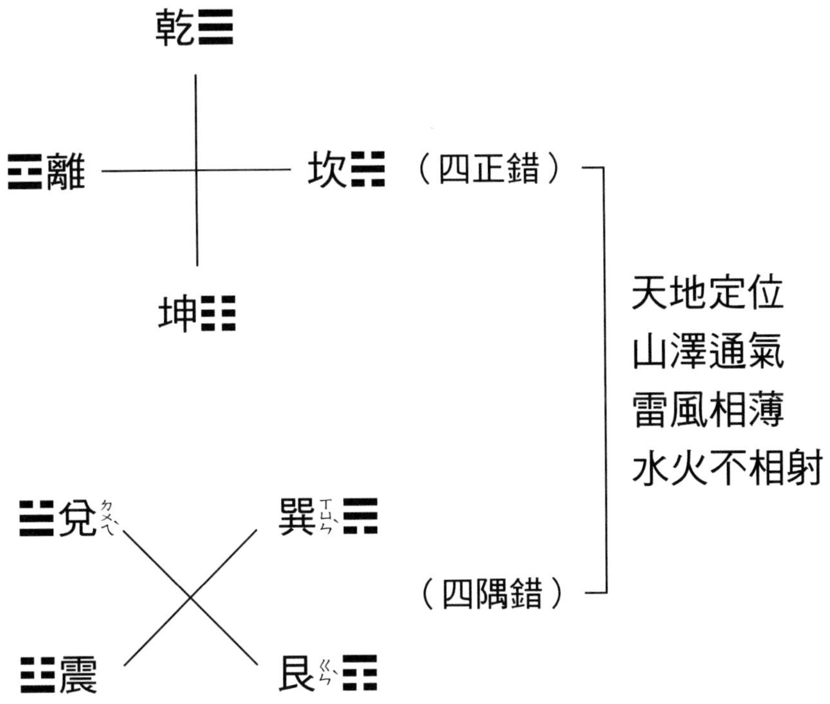
乾
離
坎
（四正錯）
坤
兌ㄉㄨㄟˋ
巽ㄒㄩㄣˋ
（四隅錯）
震
艮ㄍㄣˋ
天地定位
山澤通氣
雷風相薄
水火不相射

三・中孚小過大象離坎互錯

中孚卦（䷼）的大象為離（☲），而小過卦（䷽）的大象是坎（☵）。〈說卦傳〉說「離為雉」，所以中孚卦九二爻辭是用「鶴」來作為象徵；「坎為雲」，所以小過卦六五爻辭是用「密雲不雨」，來描述滿天烏雲的情境。

「離」有分離的作用，待人處事只要秉持誠信原則，自然就能離苦得樂。「離中虛」（☲）啟示我們：心中時常保持空的狀態，沒有任何事物值得執著，也沒有任何事物值得貪戀，更沒有任何事物值得怨恨。這種心境，才是真正的平常心。換句話說，沒有存心的信，才是出自於真誠。風吹拂澤面，無心吹縐一池春水；水隨風漾起一池漣漪，也無心配合風的行動。彼此真誠無心相應，即為中孚，毫無狡詐虛情攙雜於其間。

坎有陷險的警惕作用，告訴我們：無真誠而求人信，別人就會偽裝誠信加以欺騙。不能以誠信感應誠信，便會因為不誠信而招來不誠信。警示我們：心存誠信往往過分相信自己的意志，這便是小過的可能險境。更可怕的是，當彼此真誠互信時，大家都十分順利，以致得意忘形而導致胡作非為，那就十分危險了！

《道德經》第五十八章說：「福兮禍所倚」，當大家真誠互信時，總有不誠信的因素隱藏其中，提醒我們中孚的基本原則，永遠是必須先審度踐信的價值，以免增加不必要的風險，甚至於使自己對誠信喪失信心。

離為明，坎為險。我們要明白：不妥當的信，存在著很大的風險性。孔子說：「貞而不諒」，就是在啟示我們：寧可守正而不宜輕信。唯有如此，才可能確保大家對中孚的信心，從而減少風險的產生。

中孚大象　（互錯）　小過大象

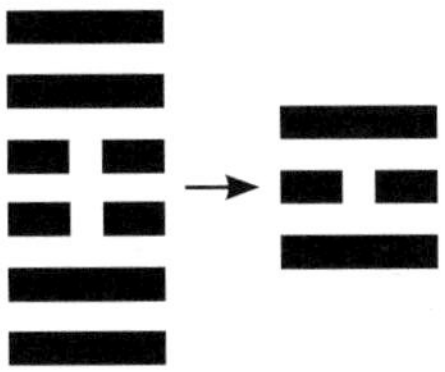

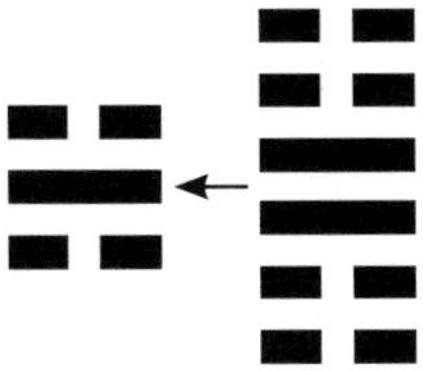

離　坎

分離：
待人誠信
自然離苦得樂

坎險：
無誠信而求人信
必然遭受欺騙

四、中孚小過下卦澤山互錯

把中孚卦（䷼）和小過卦（䷽）的兩個下卦比較一下，就會發現澤（☱）、山（☶）也是互錯。「山澤通氣」，可見兩個下卦，彼此有互通的地方，值得我們深入研究，以免有所失誤。

澤的卦象是（☱），一陰爻在二陽爻之上，象徵儲水的湖澤。若能以誠信相對待，彼此的心中，都會充滿喜悅，就好像湖澤儲存了可供飲用的水，大家都可以取用，不致引起爭執。山的卦象是（☶），一陽爻在二陰爻之上，象徵停止、節制。大家認為湖澤儲水豐沛，足以供應所需，難免就會多用一些，結果卻產生了缺水的風險。就各個家庭來說，不過是稍有過分；對整體社會而言，就不得不限制用水。此舉不但徒增大家的困擾，甚至還會引發爭奪的狀況。

從自然景象來觀察，山上有許多樹木，儲存清澈的泉水，不但提供大家飲用好水，而且還可以吸收新鮮空氣，當然令人喜悅。但是，如果人們不能自覺自律、自動自發地限制用量，恐怕後果就是樹木遭到砍伐、空氣受到污染、水質有所變劣……即使看似變化不大，只是小過而已，但是大家就會難以喜悅了。

止，應該要有一個限度。若是過分節制，大家就會苦不堪言；但是過分寬鬆，又將遭受其害。所以最好抱持「中孚」的修養，大家將心比心，設身處地，節約儉用，共同以真誠的心態來愛護環境，如此一來，喜悅和限制的平衡點，就會自然而然達到合理的地步。可見「山澤通氣」，誠信地共同訂定規律，確實遵守，是非常重要的關鍵。即使山澤互錯，也能夠彼此互相涵攝，象徵中孚難免小過，但若是小過即止，能夠及時返回中孚，也就用不著後悔、懷恨了。

中孚卦下兌ㄉㄨㄟˋ上巽ㄒㄩㄣˋ

下卦為兌ㄉㄨㄟˋ☱

空氣新鮮

水質良好

大家都會十分喜悅

然而若是過分濫用

就必須嚴格加以制止

（互錯）

（彼此含攝）

小過卦下艮ㄍㄣˋ上震

下卦為艮ㄍㄣˋ☶

山上有許多樹木

儲存清澈的泉水

倘若不過分濫用

人人皆可呼吸新鮮空氣

飲用優質好水

五・中孚小過上卦風雷相薄

將中孚卦（䷼）和小過卦（䷽）的兩個上卦對照觀看，就不難發現風（☴）、雷（☳）也是互錯。〈說卦傳〉指出：「雷風相薄」，彼此互相迫近，也有所應合，正如益卦（䷩）所說：「風雷，益，君子以見善則遷，有過則改」。

小過卦（䷽）提醒我們：必須勇於做人做事，寧可冒犯小過，也不應該退縮規避。但是卦辭特別提出警告：「可小事，不可大事。」因為小小的過失，很容易補救，只要不再犯，便是十分可貴的經驗。現代人稱之為「繳學費」，意思是修習了某些課程，可以避免日後的錯誤。我們可以把小過看做是善的基礎，但是大過就不能這樣想了。小過（䷽）的上卦是雷，颱風來的時候，倘若打雷，很快就會過去了，不致造成太大的災害。君子居於矯正當時的陋習、風氣，有時候表現得矯枉過正，稍有一些過分，其實並不為過。這種小過反而是值得鼓勵的，因為能帶來「雷風相薄」的亨通效果。

中孚卦（䷼）提示大家：立誠於中，無心求人信，才見精誠。這種內誠外信的風氣，必須由自己做起，先以誠信待人，才能感應得他人也以誠信待我。雖然利貞，卻難免遭遇被欺騙的損失，倘若因為害怕損失，便不敢或不願意以誠信待人，基本上就已經喪失了中孚的心態。所以由小信做起，逐漸達到大信的境界，應該是風和雷的最佳配合。小小的誠信，即使遭遇意外，也不致造成大傷害，自己還能夠承擔。如果一下子便大大地誠信，萬一遇到狡詐的騙子，使自己蒙受巨大的損失，日後便可能因此喪失對中孚的信心，那就是大過了！

中孚卦下兌(ㄉㄨㄟˋ)上巽(ㄒㄩㄣˋ)

上卦為巽(ㄒㄩㄣˋ)☴

立誠於中，

無心求人信。

內誠外信的風氣，

必須由自己做起，

令人深受感動，

才能如雷那般，

矯正不良陋習。

（互錯）

（互相涵攝）

小過卦下艮(ㄍㄣˋ)上震

上卦為震☳

為了勇於做人做事，

有時難免犯小過，

由於很容易補救，

所以不必害怕。

優良的風氣，

便是由少數人勇敢嘗試，

才逐漸累積形成的。

六、中孚小過六爻相對涵攝

中孚初九爻辭：「虞吉，有它不燕。」立信時必須先確定是否合乎道德原則，然後才專心一意地加以實踐。小過初六爻辭：「飛鳥以凶。」飛鳥倘若不知「宜下不宜上」的順逆形勢，必將發生力竭哀鳴的凶禍。兩爻一顯一隱，互相涵攝，必須兼顧。

中孚九二爻辭：「鳴鶴在陰，其子和之」，不攙雜絲毫利害關係，完全出自於內心的自願。小過六二：「過其祖，遇其妣」，稍有所過而不過甚。兩爻一陽一陰，彼此互相涵攝。

中孚六三：「得敵，或鼓或罷，或泣或歌，位不當也。」小過九三：「弗過防之，從或戕之，凶。」對於不誠信的人，不得不稍為過度地嚴加防備，以免身受其害而哭笑不得。

中孚六四：「月幾望，馬匹亡，无咎。」為了專心承順九五君王，必須斷絕與初九的密切往來。小過九四：「无咎，弗過遇之，往厲必戒，勿用，永貞。」不敢越位有所作為反得无咎。兩爻共同以越位行事為戒，最後互相參照而得宜。

中孚九五：「有孚攣如，无咎，位正當也。」君王堅持中孚而不懈，才能无咎。小過六五：「密雲不雨，自我西郊，公弋，取彼在穴。」才不當位的昏君，上下隔絕，好比密雲不雨，即使誠信，恐怕也不能成大事，令人感嘆！

中孚上九：「翰音登于天，貞凶」，虛名不可能長久。小過上六：「弗遇過之，飛鳥離之，凶，是謂災眚。」所過太多，高亢必致凶禍。兩爻合起來看，果然是彼此涵攝。由此可見，兩卦相錯未必完全對立，採取互相涵攝的觀點，可以互補。彼此提醒、兼顧並重，更加合乎「一陰一陽之謂道」的原則。

中孚		小過
翰音登于天，貞凶。		弗遇過之，飛鳥離之，凶，是謂災眚ㄕㄥˇ。
有孚攣如，无咎。		密雲不雨，自我西郊，公弋ㄧˋ取彼在穴。
月幾望，馬匹亡，无咎。		无咎，弗過遇之，往厲必戒，勿用，永貞。
得敵，或鼓或罷，或泣或歌。		弗過防之，從或戕ㄑㄧㄤˊ之，凶。
鳴鶴在陰，其子和之；我有好爵，吾與爾靡之。		過其祖，遇其妣ㄅㄧˇ，不及其君，遇其臣，无咎。
虞吉，有他不燕。		飛鳥以凶。

（互錯、六爻彼此涵攝）

我們的建議

1 乾卦六爻，發揮變動旁通於坤卦；坤來入乾，以成六十四卦。所以乾卦〈文言〉說：「六爻發揮，旁通情也」。旁通卦又叫做錯卦，兩卦六爻各自陰陽相反。有隱有顯，有陰有陽。彼此互相涵攝，合在一起看更加妥當。

2 六十四卦，兩兩相對，非覆即變。兩卦顛來倒去，如屯ㄓㄨㄣ（䷂）蒙（䷃）、需（䷄）訟（䷅）、師（䷆）比（䷇），即為覆，稱為「綜卦」；反來覆去，都是同一個卦，如中孚（䷼）、小過（䷽）、頤（䷚）、大過（䷛），即為變，反覆只是同一卦。

3 「錯卦」指兩卦六爻完全相反，分開來看，上下卦互錯，六爻也互錯。依據「一陰一陽之謂道」的原理，兩卦一隱一現，彼此共存，互相涵攝，不必看成是完全對立，如此將更為合乎易理。

4 中孚卦（䷼）與小過卦（䷽）互錯，把中孚卦的上下卦交換，便成為大過卦（䷛）。將小過卦的上下卦交換，就成了頤卦（䷚）。而大過卦和頤卦，剛好又是互錯。

5 從錯綜複雜的觀點來看，六十四卦彼此息息相關，互有關聯，並且牽一髮而動全身，一爻變全卦就變。天下事物變化多端，正如同卦的錯綜複雜，也彰顯出卦的真實性。

6 看完中孚卦、小過卦，接下來要看頤卦和大過卦，最後我們還要把這四個卦合在一起看。至於是不是能有更深一層的領悟，完全取決於我們自己的廣度、深度和高度。看來，這又是另一種自作自受。

《第八章》

頤卦六爻
說了些什麼？

頤卦雷下艮ㄍㄣˋ上，象徵山下有雷，
陽出山下，與復卦的陽出地中相類似。

初上兩爻皆陽，四陰爻居其中，
象徵中虛能納，可以頤養天年。

下動上止，表示守正而不偏失，
除自養外，尚須養人，時效十分重要。

由養己體會出一條民生大道，
大公無私，不違天性，福國利民。

養民、養士、養老，俱皆養正，
養口體不如養心志，人人皆以修身為本。

頤養之道，要旨為養正則吉，
慎言語，節飲食，凡事都要適可而止。

一　初九觀我朵頤不足貴也

頤卦（䷚）是上經第二十七卦，前有大畜（䷙），後為大過（䷛）。〈序卦傳〉說：「物畜然後可養，故受之以頤。頤者養也，不養則不可動，故受之以大過。」有了大畜的積聚充實，才有條件講究優游涵養。頤養的重點，不但在口腹，而且重視德性。無論物質或精神方面，都必須先蓄積，然後才能夠培養，使其滋長。所以大畜之後，才是頤卦。若是身體缺乏營養，就不能行動；品德沒有涵養，便不足以擔當大事，可以說「不養則不可動」，因此頤卦之後，繼之以大過。

〈雜卦傳〉指出：「大畜，時也」，「頤，養正也。大過，顛也。」大畜卦講求畜聚的時宜，頤卦闡明頤養的正道，而大過卦則警示大有所過，很可能造成顛覆的危機，必須預先防患。

頤卦（䷚）下震上艮，象徵下動上止。初九爻辭說：「舍爾靈龜，觀我朵頤，凶。」小象說：「觀我朵頤，亦不足貴也。」頤卦二陽四陰，初九和上九兩陽爻，都是有食物可吃，能供養自己。六二、六三、六四、六五四陰爻，皆是可食的物，僅能養他人，卻不能養自己。初九當位，像靈龜一樣，知道養生的正道，既能養自己，又能節制飲食，這樣不是很好嗎？初九與六四相應，站在六四的立場，初九便是「爾」，也就是「你」。「舍」即捨棄，捨棄你的靈龜，反而觀看我（上九）在大快朵頤。上九並沒有錯，初九看到嘴饞，這才是自取其咎，當然凶了！初九為下震的主爻，貪於口體，以致有正道而不能守，顯得貴而不足貴，所以說「亦不足貴也」。初九以陽剛而求養於六四陰柔，當然不值得看重。

頤 ䷚ 27

初九，舍爾靈龜，觀我朵頤，凶。

初九以陽居陽位，有如靈龜那樣，深明養生的大道，既能養自己，又能節制飲食。與六四相應，站在六四的立場，初九便成為「爾」，也就是「你」的意思。「舍」即捨棄，初九捨棄原有的靈龜，反而注目凝視上九（我）在大快朵頤，顯得知正卻不能守，自己能養卻求養於人。即使能夠分食上九的一部分，也不足為貴，所以有凶禍。初九爻變為剝卦，表示初九必須將思維上的障礙剝除，恢復原有的靈龜智慧，慢食而長壽，才能免於凶禍。

不可因貪婪嘴饞，而捨棄了養生的正道。

二、六二征凶供養不得其正

頤卦（䷚）卦辭說：「頤，貞吉。觀頤，自求口實。」「頤」是卦名，「貞吉」的意思，是守持貞正可以獲得吉祥。我們吃東西的時候，上顎不動，下面的顎托著牙床，一上一下，造成嘴巴的上下牙床一闔一開，不停咀嚼著食物。頤卦下震上艮（ㄍㄣˋ），震為動，艮（ㄍㄣˋ）即止，象徵下動上止，完全符合咀嚼食物的實際狀況。「口實」指口中所需要的食物，擴大為生存所需求的養分。「養」有「養人」和「養己」兩方面，「觀頤」指觀察所養的是什麼樣的人？「自求口實」則是瞭解其養己的狀態。所養的都是君子，而且養己知所節制，即為貞吉；倘若所養的皆為小人，養己時奢侈、浪費、荒淫無度，那就不貞，也就不可能吉祥了！頤道必須遵循正道，稱為「養正」。

六二爻辭：「顛頤，拂經于丘頤，征凶。」小象說：「六二征凶，行失類也。」「顛」為顛倒，「頤」即頤養。六二當位，又居於下震中爻，原本得位得中，理應遵循頤養的正道。但是六二與六五同性不相應，以致六二不供養六五，卻顛倒過來求初九供養，違反了頤養之道。「拂」是違悖，「經」為常理，「拂經」便是反常，也就是違反了常道。「丘」指高處，在這裡即為六五、六二的行為，違反了供養六五的常理，所以說「拂經于丘頤」。「征」是行為，這種反常的行為，將招致凶險。頤卦的四個陰爻，屬於同類，陰柔不實，都依賴上九供養。但只有六二既求食於上九，又顛倒過來求食於初九——既不能養口體，又不能養德性。這種和同類不一樣的失態行為，當然凶險。頤道以「正」為要旨，六二失正必然「征凶」。

頤 27

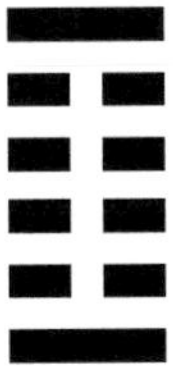

六二，顛頤，拂經于丘頤，征凶。

六二當位，又居於下震中爻，原本得位得中，理應遵循頤養的正道。但是六二與六五不相應，以致六二不供養六五，反而向下求初九供養。「顛」是顛倒，六二這種行為，顛倒了正常的頤養之道，所以說「顛頤」。「拂」為違背，「經」指經常守則。「丘」是山丘，上艮為山，象徵頤卦四陰爻都陰柔無實，必須依靠上九供養。六二卻顯得很特殊，除了上九之外，還要向初九求食，實在有違常則。六二陰居柔位，並沒有多大力量南征北伐，這樣上下求食，當然「征凶」。六二爻變成損卦，表示六二既不能養口體，又不能養德性，實在有損於頤道。

不知團結，一心想要向外攀求，不得其正。

三。六三拂頤十年不可施用

頤卦（䷚）彖辭說：「頤，貞吉，養正則吉也；觀頤，觀其所養也；自求口實，觀其自養也。天地養萬物，聖人養賢以及萬民。頤之時大矣哉！」「頤」是卦名，意思為頤養。「貞吉」是有條件的，那就是「養正」，遵循正道才能吉祥，所以說「養正則吉也」。「觀頤」指觀察其所養的人，是何等人物？「自求口實」，是觀看其養自己的狀態，合不合乎中道？天地有好生之德，以雨露養育萬物，聖人培養、任用賢人，來替天行道，務求澤被萬民。頤養必須合乎時宜，隨時做好合理的調整，所以說「頤之時大矣哉！」為什麼「時」的下面沒有提及「義」呢？因為義的部分，在彖辭中已經說得相當明白，用不著再說「頤之時義大矣哉！」大家也就能夠感悟了。

六三爻辭：「拂頤，貞凶，十年勿用，无攸利。」小象說：「十年勿用，道大悖也。」六三以柔居剛位，並不當位，與上九相應，象徵不求自養而求養於上。從頤卦的爻位來看，求養於下為「顛」，如六二；求養於上稱做「拂」，六三便是。「顛」為顛倒，「拂」即違悖。六三處下震的極位，違背頤道尤為厲害，必須守正才能避凶，所以說「貞凶」。但是六三陰柔不中不正，又處震卦極位，實在不容易守正。雖然歷經十年之久，仍將為人所棄而无所利。這樣依賴他人卻不自食其力的人，必須知所警惕。因為頤養不合理，大多肇因於失策，才會很久都不能獲得頤養，看來這也是一種自作自受，怨不得他人。「十」為數的終點，形容其長久，並不一定是十年。守正防凶，對六三來說甚為困難，因此更要加倍努力，加倍忍耐。

頤 27

六三，拂頤，貞凶，十年勿用，无攸利。

六三不當位，與上九相應，象徵不求自養而求養於上，也是違背頤養之道，所以說「拂頤」。六三居下震的極位，違背頤道尤為厲害，必須守正才能避凶，因此說「貞凶」。由於六三陰柔不正不中，實際上很難守正，即使歷經十年之久，仍將為人所棄而不見用，無所利好像也是自作自受，怨不得他人。六三爻變為賁ㄅㄧˋ卦，表示在思想及行為上，都需要不斷修飾調整，不往上求上九供養，以免長期受災。

依賴他人而不自食其力者，必須提高警覺，以免受災。

四、六四顛頤不斷獲得頤養

頤卦（䷚）大象說：「山下有雷，頤；君子以慎言語，節飲食。」頤卦下震上艮，震為雷、艮為山，象徵「山下有雷」。山下有雷聲，也有震動。從我們的臉部來看，山指鼻子，鼻子下面有嘴巴，咀嚼食物時，既會發出聲音，也會有所震動。倘若縮小範圍，只從嘴巴著眼，上牙床不動如山，下牙床震動如雷，咀嚼食物時，牙齒和舌頭互動，發出聲音。這兩種景象，都有如「山下有雷」。君子看到山下有震雷響動的自然景象，仿傚天地養育萬物的道理，慎於言語以養品德，節制飲食以養身體。言語要謹慎、飲食宜節制，是我們遵循頤養之道的兩大要旨，養口體和養心志是同等重要的。

六四爻辭：「顛頤，吉。虎視眈眈，其欲逐逐，无咎。」小象說：「顛頤之吉，上施光也。」六四陰柔當位，與初九相應，象徵求養於下，所以說「顛頤」。六四和六二同為「顛頤」，而結果不同。因為六二求初九供養，有意願卻不得相應。六四與初九相應，好像老虎眈眈注視，選擇可養的，並且快速使求養的欲望不斷地實現。表示六四捨己求賢，犧牲自己以成全初九，當然吉祥无咎。一心養下，並無任何不良企圖，合乎頤養的正道。不像初九與六二的關係，令人覺得六二「顛頤」，違背了頤養的常則。六四居上卦，卻能夠顛倒向下，求養於初九，然後再用來養人，這種居上卻能向下施以光明的美德，是六四獲得吉祥的緣由。六四「虎視眈眈」，象徵垂目注視，擇可食的而食。「其欲逐逐」，表示既然擇賢而養，就毫無保留地快速供應，養人之中並未存有圖利的私欲。

頤 27

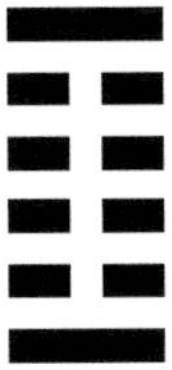

六四，顛頤，吉。虎視眈眈，其欲逐逐，无咎。

六四當位，為上艮(ㄍㄣˋ)的初始，與初九相應，也是求養於下的「顛頤」。但是與六二的結果不同，是因為六二有意願卻不得相應，所以凶險。而六四位於山中，從上向下看，一付虎視眈眈的模樣，選擇可養的，並且快速實現求養的欲望。「逐逐」意即繼續不已。四陰相連，有持續不斷的求養欲望。六四居上卦，能夠顛倒向下，求養於初九，然後再用來養人，這種光明的美德，當然无咎。六四爻變為噬(ㄕˋ)嗑(ㄏㄜˊ)卦，表示若能擇賢而養，就合乎正道。

同樣是「顛頤」，用來養己即凶，用以養人便能吉祥。

五、六五依賴上九難成大事

頤卦（䷚）的主旨在頤養，無論是養口體、養心志，養自己，還是養別人，都必須保持合理的操守，才能夠貞正而吉祥。養口體為小，養心志才大。養自己是一家人的生活，養別人則擴展到社會的生存，國民的生計，甚至於全體人類的共存共榮。頤養之道，不但要養，而且要重視「育」。用現代的話來說，頤卦所講的，全是民生的問題。《大學》所說：「有德此有人，有人此有土，有土此有財，有財此有用。德者本也，財者末也。」頤養之道，以謹慎修德為本。有品德才有人民，有人民才有土地，有土地才有財貨，有財貨才有用度。品德是根本，而財貨則是末節。

六五爻辭：「拂經，居貞吉，不可涉大川。」小象說：「居貞之吉，順以從上也。」六五陰柔居剛位，與六二不相應，就近以陰承陽，向上求養於上九，是一種「拂頤」的行為。「五」原本是君位，有養育萬民的責任，現在反而求上九供養，違反經常的法則，所以說「拂經」。但是六五能夠信任上九，表示柔弱之君（老大），堅信忠賢的大老，而無所動搖，即使違反常道，仍然可獲吉祥，所以說「居貞吉」。「居」是守的意思，「貞」即正固不移。六五有上九相助，固然很好，然而六五畢竟是老大，倘若自身柔弱，依賴剛毅的大老，彼此配合起來，難免顧此失彼。如果遭遇危難大事，更不能得心應手，所以說「不可涉大川」。守成可以，想要大有施展，實在非常危險。六五柔順，處處向上尊重上九大老，畢竟違反常態。六五最好能夠發奮自養，有朝一日變成良才，如此將會更為圓滿。

頤 27 ䷚

六五，拂經，居貞吉，不可涉大川。

「拂」指違悖，「經」為常則，「拂經」即違背常則。由於六五陰居剛位，與六二不相應，就近以陰承陽，向上求養於上九，就易道而言，是一種違背常則的行為。六五居君位，原本有養育萬民的責任，現在卻反過來求上九供養，當然是「拂經」。但是六五能夠信任上九，表示柔弱的老大，堅信忠賢的大老，即使有違常理，仍然是守正的做法，所以說「居貞吉」。但是在這種情況下，要想大有發展，實在十分困難，因此說「不可涉大川」。六五爻變即成益卦，表示六五「居貞」，對己對人，都是正面且有所助益的。

全權委任大賢，必須謹慎小心，才能吉順。

六、上九樹大招風心存惕厲

頤卦（䷚）六爻，下三爻重視自養，而且重視口腹之欲，所以初九「凶」，六二「征凶」，六三「貞凶，十年勿用，无攸利」。上三爻致力於養人，重視公德，秉持正道，所以六四「吉」，六五「居貞吉」，而上九「厲吉，利涉大川」。下震三爻，養口體卻不養品德，因此都不能獲得吉祥，啟示那些貪求口腹之欲卻輕視道義的人，必須要以此自我警戒。而上艮三爻，既重視養德又能養人，因此都能獲得吉祥。〈雜卦傳〉所說：「頤，養正也。」養生必須依循正道，以德為本，這點在頤卦當中，已經充分表露無遺。現代人重口體而輕德性，難怪物質生活愈豐足，身體健康愈令人擔憂。亞健康的人已屬難得，不健康的人比比皆是，必須重新體會頤道的真義，並確實據以執行才是良策。

上九爻辭：「由頤，厲吉，利涉大川。」小象說：「由頤，厲吉，大有慶也。」「由頤」的意思，是指由於上九而使其它各爻得其所養。上九剛居柔位，雖然不當位，但六五卻充分給予信任，把頤養的重責大任委託給上九，並且深信不疑。上九固然大有福慶，但是樹大招風，官高身危，倘若因而驕縱自大，那就十分危險。必須時時高度警惕，處處小心，事事謹慎，才能獲得吉祥，所以說「厲吉」。上九得到六五的尊重，使得六二、六三、六四，也都順從於上九。在這種情況下，上九當然「利涉大川」，可以做出一番大事業。唯有把「知危能慎」謹記在心，才能完成如此重大的責任，大有福慶。上九有這樣的福慶，在《易經》中十分少見。可見頤養能不能正吉，全看上九如何表現。上九實在是當之無愧的卦主。

頤 27

上九，由頤，厲吉，利涉大川。

上九剛居柔位，由於六五充分信任，因此擔當了頤養的重大任務。「由頤」的意思，是由此以成頤養之道。由上九來養萬民，原本是「厲」，因為樹大招風，倘若因此而驕縱自大，那就更加危險，只要初九爻變，全卦就會變成剝卦，豈不是「厲」？但是，上九若能常存危厲之心，保持高度警覺，自然能夠吉祥。上艮(ㄍㄣˋ)六五爻變，即成巽(ㄒㄩㄣˋ)卦。頤卦外實中虛，好比一艘空船。上卦變成風，象徵空船遇風，十分危險，因而「不可涉大川」。倘若上九爻變，成為上坤，就象徵航行順利，所以「利涉大川」。上九爻變，頤卦成為復卦，表示內心涵養得正，謹慎小心，自然能夠恢復頤養的正道。

養育之道，必須通盤籌劃，善盡養正的責任。

我們的建議

1 頤卦（䷚）四陰二陽，四個陰爻為同類，陰柔無實，要靠上九供養，也可以說提供上九和初九食用。初上兩陽，象徵上下顎，中間四陰即兩排牙齒。上顎不動為艮，下顎震動為咀嚼食物的功能，啟示我們：自養養人，都要遵循正道。

2 頤卦（䷚）下震上艮，上卦三爻，有艮德，旨在止欲修行，所以重養德、養賢；下卦三爻，有震動力量，主要在飲食、養口體。由於養口體不如養心志，所以下卦三爻，皆以養己取象而凶，上卦三爻都因養人而獲得吉祥。

3 六四對初九「虎視眈眈」，一眼就看出初九的問題，在於但求養己不知養人。其所以「其欲逐逐」，則是求才若渴的象徵，好心好意想教導初九走正道，所以无咎。

4 養身、養心，現代人還需要養靈，身心靈三者合一，都受到合理的教養，這才是頤養的正道。由個人開始，擴大到全民的民生，無論管教養衛，都應該同等重視。

5 人要飲食，一般動物也都需要食物。然而人為萬物之靈，就必須吃得合理而且吃得體面，同時推己及人。人人都能夠如此，才是社會安定、人群和諧的最佳途徑。

6 頤卦（䷚）的錯卦是大過卦（䷛），卦序如此安排，主要在於提醒我們：過當的行為很可能導致災禍。現代人物質生活愈富裕，精神生活卻往往愈空虛，這是為什麼呢？我們最好先來看看大過卦六爻說些什麼？

《第九章》

大過卦六爻

說些什麼？

大過卦表示陽盛陰衰，不能平衡，
四陽二陰，陽為大，四陽又緊連在一起。

過大難制、過剛易折，是不易的道理，
如何補偏救弊，關鍵在於調劑得宜。

澤滅木，洪水淹沒樹木，是罕見的景象，
就算大木沉在水中，也屬於非常的狀態。

大過是不平常現象，好比大樑彎曲，
又是少女在上、長女在下，一副違反常理的狀態。

怎麼辦？當然不能輕易放棄，必須設法化解，
非常情況，必須採取顛覆性策略，才能制宜。

初、二、四均吉，九五无咎无譽，可見吉多凶少，
只要平心靜氣，應付得宜，自然就會利有攸往。

一・初六以柔承剛慎始无咎

大過卦（䷛）是上經第二十八卦，前為頤卦（䷚），也就是大過的錯卦，後為坎卦（䷜）和離卦（䷝），表示大過可能帶來兩種後果——不成功（離）便成仁（坎）。〈雜卦傳〉說：「大過顛也」，大過卦四陽（大）二陰（小），象徵「大有所過」，以致顛覆，必須盡力調整，以求剛柔相濟、主輔平衡。

卦辭說：「大過，棟橈ㄋㄠˊ，利有攸往，亨。」「大過」是卦名，四陽居中，過於強盛，而陽剛為大，所以名為「大過」。好比棟樑的中間過強，而兩端過弱，以致曲折破壞。「橈ㄋㄠˊ」即曲折，四陽居中，陰柔退居本末的位置。中間的棟樑缺少陰柔的輔助，因而產生曲折的現象。此時若是採取果敢的態度，前往整治，必將有利，而獲得亨通。倘若不及時行動，便就不亨了！初六爻辭：「藉用白茅，无咎。」小象說：「藉用白茅，柔在下也。」初六陰居陽位，象徵原本陽剛的資質，表現出陰柔的行為，謙虛而不自大。好比一個破舊的花瓶，依然謹慎地用潔白素淨的乾草，墊在下面來加以保護。「藉」是襯墊，「白茅」即潔白的茅草。大過的行為，可以說是非常時期，要做不平常的大事。為什麼要「藉用白茅」呢？因為初位在下，六的性質又很陰柔，譬喻職位卑微的人，擔負重大的責任，必須對人特別謙虛，對事特別謹慎。保持膽大心細、敬重虔誠的心態，來承助上面四個強大的陽爻，如此才能无咎。初六爻變成夬ㄍㄨㄞˋ卦（䷪），表示初始時便應該做出最有力量的決定，保持柔和清白，不致一開始就種下禍端，誤了大事，那就不可能无咎了！慎始，以「履霜堅冰至」為戒，是初六的重點。

大過 28 ䷛

初六，藉用白茅，无咎。

「藉」是襯墊，「白茅」即潔白柔軟的茅草。初六以陰居剛位，是大過卦的初爻，表示大有所過，也就是做得過分的時候，必須抱持虔誠的恭敬之心，就好像祭祀時用潔白柔軟的茅草，把禮器襯墊在上面，以防止滑動破損。「藉用白茅」象徵初六不當位，職位又卑微，與九四相應，必須膽大心細，謹慎地承助上面四個強大的陽爻，才能无咎。初六爻變即成夬(ㄍㄨㄞˋ)卦，表示大過時期，一開始就應該做出最有力量的決定，保持柔和清白，以「履霜堅冰至」為戒，務求慎始。

以柔承剛，謙恭謹慎，務求慎始。

二、九二在大過時期无不利

大過卦（䷛）彖辭：「大過，大者過也；棟橈，本末弱也。剛過而中，巽而說行，利有攸往，乃亨。大過之時大矣哉！」大過卦下巽上兌，中間四個陽爻，上下各一個陰爻。陽為大，有過分強盛的景象，所以稱為「大過」。如果用棟樑來譬喻，確實有本末弱的擔憂，怎麼還能夠「利有攸往」呢？這是因為陽為君子，而陰即小人。九五獲得這麼多君子的擁戴，九二也秉持中道，聯合九三、九四共同支持九五，君子多於小人，剛健卻能合乎中道，自然上下同心，得以雷厲風行，利有攸往而亨通。所以孔子讚歎大過之時，為天下整治的大時代，陰柔小人退居卑末的位置，實在難得！

九二爻辭：「枯楊生稊，老夫得其女妻，无不利。」小象說：「老夫女妻，過以相與也。」「稊」是新生的嫩芽，「楊」指性喜近水的楊樹。九二居巽木的中位，距離上兌較遠，澤水不夠，以致楊樹枯槁。現在居然生出嫩芽，譬喻九二這位老夫，向下求得初六少妻，象徵過盛的陽剛與陰柔相結合，所以「无不利」。九二位於四個陽爻的最下面，表示大過的開始。按照自然哲理，九二陽居陰位，原本應該向上發展，卻因為與九五不相應，反而向下與初六相合，這種不正常的遇合，應該屬於過失的行為。幸好九二居下巽中位，能合理地通權達變，在陰陽極不平衡的大過情境中，與初六陰柔相互親近，使這種過失，能夠將錯就錯而「无不利」。九二爻變為咸卦（䷞），象徵過與不及的偏差，可以用合理的感應來加以調劑。陰陽相濟，在大過時期尤其重要！

大過 28 ䷛

九二，枯楊生稊（ㄊㄧˊ），老夫得其女妻，无不利。

「枯楊」指枯槁（ㄍㄠˇ）的楊樹，「稊（ㄊㄧˊ）」為嫩芽。九二居巽（ㄒㄩㄣˋ）木中爻，不當位，與九五也不相應，象徵距離上澤較遠，水份不足，以致楊樹枯槁。現在居然生出嫩葉，譬喻九二這位老夫，向下求得初六少妻，所以說「老夫得其女妻」，也就是過盛的陽剛與陰柔相調劑，因此「无不利」。九二爻變成為咸卦，表示過與不及的偏差，可以用合理的感應來加以調和。陰陽相濟在大過時期，顯得特別重要。

陰陽相濟，最好能用合理的感應來加以調和。

三、九三過剛易折必招禍害

大過卦（䷛）大象說：「澤滅木，大過；君子以獨立不懼，遯世無悶。」大過卦下風上澤，風為木，澤水把樹木淹沒，是一種自然現象，稱為「澤滅木」。這種非常罕見的現象，取名「大過」，有太過分的意思。君子看到這種景象，領悟出特立獨行，毫不畏懼，勇敢地挺身而出，用以整治社會亂象，即使為世俗所棄而隱退，也不覺得煩悶的道理。大過表示非凡，非常事業，應該由大過於常人的君子來完成。

九三爻辭：「棟橈，凶。」小象說：「棟橈之凶，不可以有輔也。」凡是過分剛直的人，如果缺乏柔和的力量來加以輔助，不能夠任重致遠，必然會招致禍害。九三在大過的情境中，以陽剛居陽位，又是下卦的極端，難免過分剛亢，又與上六相應，因此剛勢更加強烈，有如棟樑的中央部分愈剛，而本末兩端愈弱。象徵陽剛太過強盛，又不知如何加以補救。「棟橈」的可怕現象，就在九三這一爻充分顯現了。依易卦常態，九三當位，又與上六相應，既處於正位，又能陰陽相濟，為什麼會凶呢？因為大過的情境，所重視的是非常的舉動。現在九三一切如常，很難應付大過的特殊需要。好比眼見棟樑有彎曲甚至折裂的危機，仍然不敢權宜應變而有所作為。一旦真的斷裂，九三守正又有何用？所以缺乏對「棟橈」的輔助作用，當然會有凶禍。九三爻變為困卦（䷮），表示九三志在自保，缺乏突破困境的眼光與魄力。原本在四陽爻中應盡的一份責任，也被自己的剛愎自用而困於九五、九四、與九二之間，動彈不得而有凶禍。

大過 28 ䷛

九三，**棟橈**ㄋㄠˊ，凶。

九三當位，與上六相應，既處於正位，又能陰陽相濟，按理說應該不凶。但是大過的情境，所重視的是非常的舉動，九三一切如常，反而很難應付大過的特殊需求。好比棟樑已經有所彎曲，甚至於有折裂的危機，仍然不敢權宜應變而有所作為。可以說在這種特殊情況下，守正又有何用？對棟樑起不了輔助的作用，當然會有凶禍。九三爻變為困卦，表示志在自保，缺乏突破困境的眼光與魄力，把自己困在九五、九四與九二之間，實在不合時宜。

過分剛愎自用，容易陷入困境。

四．九四興隆不苟合有阻礙

〈序卦傳〉說：「頤者，養也；不養則不可動，故受之以大過。」頤卦（䷚）的主旨是頤養身心，而且養口體不如養心志。可是大多數人都是偏愛養口體，忽略了養心志。倘若處於太平盛世，還情有可原。然而一旦安逸得過分，就會造成社會不安。由於飽暖思淫欲，豐裕的物質生活，反而會導致心靈更加空虛。這時候最好反其道而行，所以〈雜卦傳〉說：「大過，顛也。」為了防止大為過分而導致顛覆，必要時就必須採取某些顛覆性的手段，以求挽救大局。頤卦求養正，事物得不到頤養，就不能興動。大過是危難的情勢，必須要有素養良好的正人君子出來承擔濟世的大任，但是矯枉過正，也常常是不可避免的現象。所以九四爻辭說：「棟隆，吉；有它，吝。」小象說：「棟隆之吉，不橈乎下也。」九四和九三，同樣位於四個陽爻的中間，九三當位，九四不當位。為什麼九三凶而九四反而吉祥呢？這是因為九三居陽用剛，易於剛愎自用，對陰柔採取絕對排斥的敵意，不利於剛柔並濟。九四以陽剛居陰柔的爻位，能夠居陰用柔，呈現向上隆起的現象。對棟樑來說，向下彎曲不能再加重壓，所以難以輔助；向上隆起，比向下彎曲好得多，因此吉順。但是九四和初六相應，倘若心有顧念，反而增添麻煩。有了這樣的其它因素，所以有吝。九四爻變為井卦（䷯），表示澤水過多，九四已經是上兌的開始，不需要再吸取初六的水份（井卦自初六到九四有坎象）。最好設法使井水流通，不要再溢上來，以免更加凶險。「不橈乎下」，意思是不要與初六多互動，使初六能專心地以陰柔承助四陽。

大過 28 ䷛

九四，棟隆，吉；有它，吝。

九四不當位，在大過的情境中，反而象徵以陽剛之質，能夠居陰用柔，使向下彎曲的棟樑，呈現向上隆起的現象，所以吉祥。但是九四和初六相應，倘若心有顧念，反而增添麻煩。有了這樣的其它因素，所以有吝，最好及時加以避免，才能无咎。九四爻變為井卦，表示九四位居上澤的始位，澤水已經過多，不需要再吸取初六的水份。必須設法使井水流通，不要再溢上來。提醒九四，不要和初六多互動，使初六能專心地以陰柔承助四陽。

興隆時不能有私心，以免造成阻礙。

五．九五雖有權位无過无譽

大過卦（䷛）的卦象為「澤滅木」，大洪水或大海嘯，淹沒了樹木。這種景象，畢竟十分罕見，並不尋常。依常理判斷，水應該用來滋潤樹木，把大過卦的上下卦交換，成為風澤中孚（䷼），這才合乎常理。現在澤水在上，淹沒了樹木，當然太過分了，所以取名為「大過」。全卦陽四陰二，警示我們：無論多大的事，只要謹慎小心，總會恢復常態。補救的方法，在於陰陽調劑得宜，一方面積極「獨立不懼」，一方面消極地「遯世无悶」。相反相成，使過剛過柔，都能夠互相調和，以求履險如夷，逢凶化吉，應變得宜。

九五爻辭：「枯楊生華，老婦得其士夫，无咎无譽。」小象說：「枯陽生華，何可久也？老婦士夫，亦可醜也。」「華」就是花，「枯楊生華」，象徵九五盛陽與上九衰陰的調和，好比枯槁的楊樹重新開花。九五和九二，同樣是時令已過的枯楊，為什麼九二「生稊」而九五「生華」呢？因為九二與初六，是老夫少妻，有生機復萌的可能；九五與上六，則是老妻少夫，成為枝頭開花、生氣將盡的景象。陰承陽和陰乘陽的因果關係，真的大不相同。九五陽居陽位，表示本質剛正的士夫，與九二不相應，所以和比鄰的上六互相調劑。由於陽居中位，所以篤實中和，可以无咎。但是地位崇高，卻不能越分以拯救危難，與老陰相配，也將虧耗元氣，因此「无譽」。枯陽生花不能持久，老妻少夫也不是美事。九五爻變為恆卦（䷟），表示必須要有耐性，恆久地去處理這樣的事宜，才能順利使大者能過關，以免造成不良風氣，那就有咎了！

大過 28

九五，枯楊生華，老婦得其士夫，无咎无譽。

九五和九二一樣，都是時令已過的枯楊。但是九二與初六，是老夫少妻，有生機復萌的可能。而九五與上六，是少夫老妻，呈現枝頭開花、生氣將盡的景象。九五陽居陽位，是本質剛正的士夫，由於與九二相應，所以與比鄰的上六互相調劑。九五尊貴，又篤實中和，因此无咎。但是地位崇高，卻不能越分以拯救危難，與老陰相配，也將虧耗元氣，因而「无譽」。九五爻變成恆卦，表示必須恆久地處理這樣的事宜，才能順利使大者能過關。

枯楊生花不能持久，老妻少夫也不是美事。

六．上六深入陷阱禍由自取

大過卦（䷛）下巽上兌，四陽爻居中，初與上皆陰。倘若把四陽爻看成一個整體的陽爻，那麼全卦的大象就成為坎（☵）了。充滿了坎險，所以大過。然而九二與九五，既剛健又能持中，象徵棟樑之才，在大過之時，可以行非常之事。手段或許過分激烈，但是為了顧全大局，有時反而是好事。

我們抬頭看看屋內的棟樑，好像兩端都是做成比較細小的榫頭，以便能夠嵌入支撐的樑柱。在實際運用上，也是良好的配合。然而，這樣的運作，必須以合理為宜。倘若柔弱過了頭，一旦承受重壓，就會因為支持不住而折斷，此即為「棟橈」的現象。

上六是大過的最終階段，象徵矯枉過正到了極點。好比涉水的人，原本想要拯救溺水的弱者，卻因為承受不了水的旋力，而遭遇了滅頂之災。這種情況，對於被救的人，或者救人的勇者，都是凶禍。上六爻辭說：「過涉，滅頂，凶，无咎。」小象說：「過涉之凶，不可咎也。」既然過分涉水遭到滅頂的凶禍，為什麼「无咎」呢？因為上六當位，柔得其宜，又與九三相應，彼此都有凶禍，當然無法互相救援，但也就不致因此而牽涉在一起。在大過的情境中，就算遭遇滅頂的災難，只要平心靜氣，想一想「不成功便成仁」的道理，也就問心無愧，談不上獲咎了。上六爻變為姤卦（䷫），表示遇到這樣的情況時，最好想一想「大過之時大矣哉！」的道理。此時此地，四陽在下剛健強盛，上六孤陰殘存，隨時都有滅頂的可能。不可以因為害怕有咎，便無條件投降，什麼都不敢做了。「不可咎」是一句鼓勵的話，事非得已，只要是大義所在，還有什麼可咎的呢！

大過 ䷛
28

上六，過涉，滅頂，凶，无咎。

上六當位，居上澤的極位，象徵走入水中，淹沒了頭頂，必然招致凶禍。譬喻凡事不知深淺，掉入陷阱，完全是咎由自取，怨不得他人。但是在大過的情境中，四陽在下剛健強盛，上六孤陰殘存，隨時都有滅頂的可能。不應該因為害怕有咎，便什麼事情都不敢做。上六爻變成姤ㄍㄡˋ卦，表示遇到這樣的情況，最好想一想「大過之時大矣哉！」的道理，便能平心靜氣，應付得宜，反而得以无咎了！

大義所在時，要能不避艱險，慷慨赴義，如此心中便沒有愧疚。

我們的建議

1 老夫少妻，原本並非常態。然而在非常情況下，我們也不必堅絕反對。只是當事人最好保持低調，不應該大肆宣揚，以免誤導世人，還以為這真的是一種好現象。

2 「老妻少夫」為什麼比「老夫少妻」更為不妥？主要是因為生理上的機能不同。男長於女，在生理上少陰可以滋補老陽，而老陰不但不能滋補少陽，反而將會虧耗其元氣。對陰陽調和的功能來說尤其不值，所以說「可醜」。

3 大過卦（䷛）中，老夫少妻或老妻少夫，都是一種譬喻。「老夫」代表衰頹的強大勢力，「少妻」象徵新進的生力軍。有新人來振衰去蔽，當然无不利。「老妻」是舊幹部，「少夫」是新勢力，以舊幹部的身分來投奔新勢力，必須要多加考慮。

4 易道以中和為貴，大過是陽剛過中的卦，象徵偏離常道，隨時四陽可以滅二陰而轉向反面，使陰陽關係大為顛倒。〈繫辭・下傳〉以大過為「棺槨（ㄍㄨㄛˇ）」的象，也就是死象，便是把「過中」視為一種莫大的危險。

5 大過卦（䷛）的用意，在促使我們大徹大悟，及早避免過中的行為，也就是不妥當的言行舉止，以免招災惹禍。初六和上爻表示外界的誘惑，缺乏剛強毅力，很難防止。

6 大過卦（䷛）九三、九四互有吉凶，所幸九二、九五皆能得中，能夠在大過的情境下，保持合理的中道。所以同樣屬於陽剛健實，卻由於所處地位的不同，而會產生不一樣的效果。

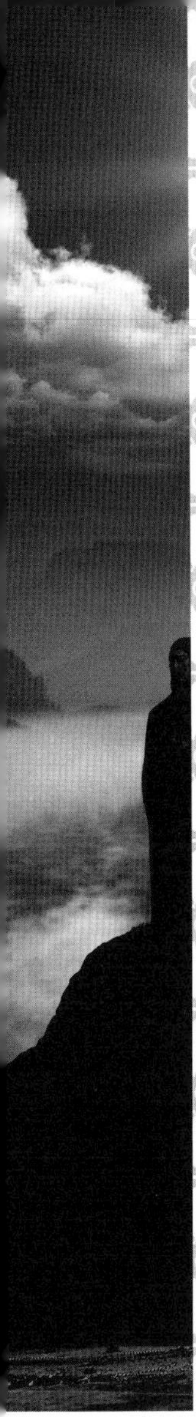

《第十章》

怎樣
把四卦合起來看？

中孚、小過、頤、大過四卦，具有密切關聯，
可以合而觀之，旁敲側擊，更能明白箇中本意。

中孚、小過互錯，具有先後的關係，
上下卦交換，便成為大過卦和頤卦。

大過卦和頤卦互錯，也是先後關係，
大過和小過，卦名相對，可以互相比照。

政治以中孚為基本精神，首重養民，
偶而犯小過，必要時犯大過，都必然受到歡迎。

中孚代表宇宙的本質，誠為本體，
君子依頤道以養正，務求既合理且正當。

中孚和頤卦，大象為離，大過小過則為坎，
此四卦上下相對，就好比鏡中物內外相映。

一、中孚和小過各有其交卦

中孚卦（䷼）下兌（ㄉㄨㄟˋ）上巽（ㄒㄩㄣˋ），倘若將上下兩卦互相交換，便成為下巽（ㄒㄩㄣˋ）上兌（ㄉㄨㄟˋ）的大過卦（䷛）。中孚和大過，彼此的關係即為交卦，意思是內外卦的位置相互更替。

小過卦（䷽）下艮（ㄍㄣˋ）上震，若是上下兩卦互換，就成為下震上艮（ㄍㄣˋ）的頤卦（䷚）。小過和頤，同樣是交卦。

中孚卦（䷼）與小過卦（䷽）互錯，大過卦（䷛）與頤卦（䷚）也互為錯卦。中孚、小過、頤、大過這四卦，具有十分密切的關係。易道的要旨，說起來就是一個「中」字。我們常說中庸之道、中和之美、中正之德，全都是中孚之用。六十四卦之中，凡有「孚」、「中」字句的，基本上都和中孚卦有關。主要在二、五兩爻正位，象徵以「中」為表率，而內外相應，做為孚信的典範。因為正位得中，才能夠正而不偏。內外相應，才顯得有德者必不孤單。不偏不孤，當然利涉大川。堅持外剛中柔的美德，即為中孚。

《中庸》所說的「過與不及」，即為「失中」，於是有了「大過」或「小過」，以象徵「大事而過之」或「小事而過之」。與天下國家有關的事，當然是大事。大事有過，那就是過之大者，稱為「大過」；與自身日用有關的事，即為小事。小事有過，屬於過之小者，稱為「小過」。人犯大過必害於家而凶於國，犯小過則毀其德行，而招致災禍。不論大過、小過，都有為己或為公的可能。因此大過與頤卦互錯，而小過與頤卦相交，兩者都和頤養之道有密切關係。動機純正，秉持公心，無論大過、小過，都是養育之道的推己及人，向外擴展。

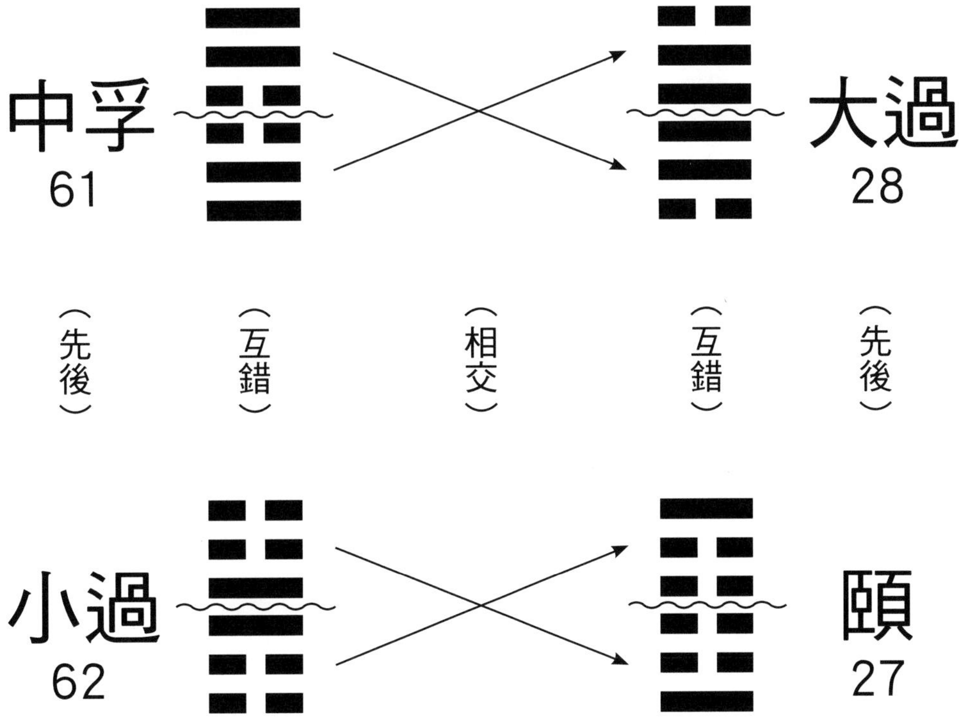
中孚
61
大過
28
（先後）
（互錯）
（相交）
（互錯）
（先後）
小過
62
頤
27

二、大過和小過其卦名相對

從卦名看，大過卦（䷛）和小過卦（䷽）是相對的。大過的過在中，而三、四兩爻，尤為中之中。所以九三爻辭：「棟橈，凶」；九四爻辭：「棟隆，吉，有它吝。」所取的象都是「棟」，為其它四爻所無。小過的過在外，而初、上兩爻，尤為外之外。所以初六爻辭：「飛鳥以凶」；上六爻辭：「弗遇過之，飛鳥離之，凶，是謂災眚。」所取的象都是「飛鳥」，同樣為其它四爻所無。過在中和過在外，都必須由上下卦的中爻來加以補救，因此兩卦的二、五兩爻，雖然在過的範圍，但是都不至於凶咎。大過九二「枯楊生稊」，九五「枯楊生華」，和「棟」十分相近。只是近陰而有滋生的機緣稍為不同而已。而小過的六二「過其祖，遇其妣」，六五「密雲不雨」，也都與「飛」有相當關係。大過和小過的二爻與五爻相較，二比五善，主要是二未過，但五已稍過。大過初、上為陰，小過三、四為陽，陰過則用陽，陽過則用陰，藉此收剛柔並濟的效果。

大過卦（䷛）又和大壯卦（䷡）相對，前者「大者過也」，後者「大者壯也」。「大過則顛」，必須「防其橈」；「大壯則止」，因此「戒其進」。大過九三「棟橈」，與大壯九三「羸其角」，十分相近。大壯九四「壯于大輿之輹」，比大過九四「棟隆」更加過分。

小過卦（䷽）也與小畜卦（䷈）相對。小過二陽四陰，象徵陰陽失調，而小過於大。小畜五陽一陰，以小畜大，同樣陰陽未和。推而廣之，小畜卦（䷈）與大畜卦（䷙）相對，大畜卦又和大有卦（䷍）相對，兩者都重視賢人。四卦之外，似乎又有許多相通的卦，應該都需要以「誠」來溝通。

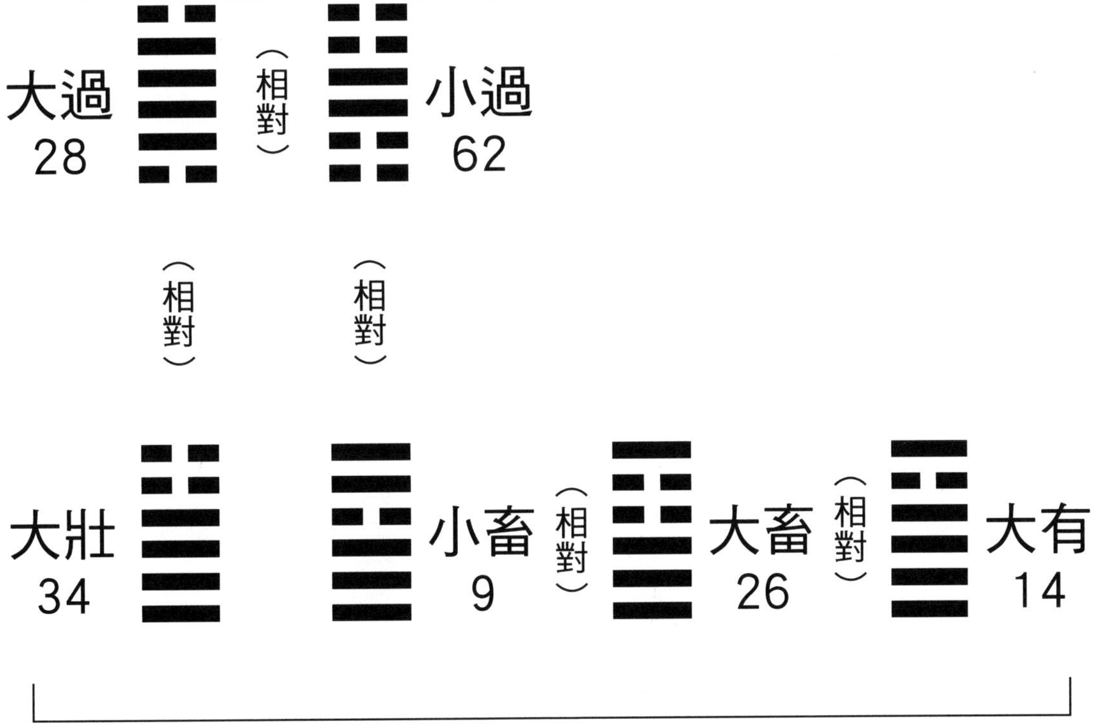
大過
28
（相對）
小過
62
（相對）
（相對）
大壯
34
小畜
9
（相對）
大畜
26
（相對）
大有
14

卦體不相對，而卦名相對

二、中孚是政治的基本精神

周文王為《易經》寫卦爻辭，主要的用意，在闡述中華民族的政治哲學。但是他所依據的，並不是他自己的意見，而是黃帝所建立的道紀，也就是伏羲氏所畫的道象。

由道象（陰、陽）、道紀（合乎道心的紀律），發展為道德（自古迄今，綿延不斷的天人合一傳統），這是中華民族一以貫之的政治哲學，後來集結為人生的大學問，即為《大學》。重點在使「道德」與「政治」密切結合，所以中山先生特別加以推崇，認為這是世界上最為優異的政治哲學。《四書》把它安排在首位，實在是用心良苦。《大學》不但是道德修養的指南，而且也是最有系統的政治哲學，以「中孚」為基本精神，把頤養之道發揮到最為合理的狀態。

中華民族依據悠久的生活體驗，發現人類在世界上最為適合共同生存發展的合理法則，即為天人合一的政治哲學。其基本精神，便是中孚卦所揭示的合理誠信。

政治的首要功能在養民，使人民幸福生活。頤卦的要旨，即在「天下為公」的大同理想目標之下，各盡其力、各取所需，抱持「老吾老以及人之老，幼吾幼以及人之幼，中國獨一人，天下為一家」的胸懷。人人以服務為目的，不以奪取為手段。能有先公而後私的君子挺身而出，為人民服務，即使偶有小過，必要時犯大過，也是中孚的表現。任何社會都需要，任何國家都行得通。把中孚、頤和大過、小過合起來實踐，世界大同的理想，必然得以實現。這種合乎自然，符合人性的政治，才能為百姓帶來幸福。

政治的首要功能：養民

以中孚為基本精神

天人合一，以誠為本
互相依賴，彼此信任

把頤養之道發揮到極致

天下為公，世界大同
各盡其力，各取所需

人人以服務為目的
不以奪取為手段
必要時犯大過
偶而有小過
只要以誠信養民
都能獲得歡迎

四．中孚是人生的最高境界

《中庸》這一本書，《史記》說它是子思所作，然而就其內容來研判，應該是在戰國末期，經過擴充改造而成的作品。因為最重要的觀念，不是「中庸」，反而是「誠」。它把宇宙和人生的關係，用「誠」來緊密結合。換句話說，把宇宙的本質，看做「誠」，也就是體。至於宇宙本質的發展，即為用，也就是「誠之」。所以說：「誠者天之道也；誠之者，人之道也。」前者是體，後者為用。體不離用，用不離體。體能生用，以用顯體。人可以擴大為物，因為「誠之」固然是人之道，卻不限於人類，只是人類更應當如此而已。「誠」與「物」息息相關，所以說：「誠者物之終始，不誠無物。」人和物都應該「誠之」，因而主張「誠者非自成己而已也，所以成物也。」把「誠」的形上學意義，發揮到淋漓盡致。可以說把「誠」當做人生的最高境界，視為人道的首要原則。古人以六十為花甲之年，孔子認為「六十而耳順」，《周易》將節卦（䷻）安排在第六十卦，表示人到了六十歲，就應該修養到可以安然地自我節制，不受他人閒言閒語的干擾。接下來六十一卦，才是中孚，可見合理節制，才能獲得中孚之道。節卦（䷻）兌（ㄉㄨㄟˋ）在坎下，中孚（䷼）兌（ㄉㄨㄟˋ）在巽（ㄒㄩㄣˋ）下。渙卦（䷺）巽（ㄒㄩㄣˋ）在坎上，而中孚巽（ㄒㄩㄣˋ）在兌（ㄉㄨㄟˋ）上。節因澤上有水，才能發揮節制的作用。渙由於風行水上，而生離散的現象。中孚以渙的上卦，結合節的下卦，務求避免渙節的過，而達到不過的中，當然是不過於離散，也不過於制止的中道，配合頤卦（䷚）以養正，更顯難能可貴！

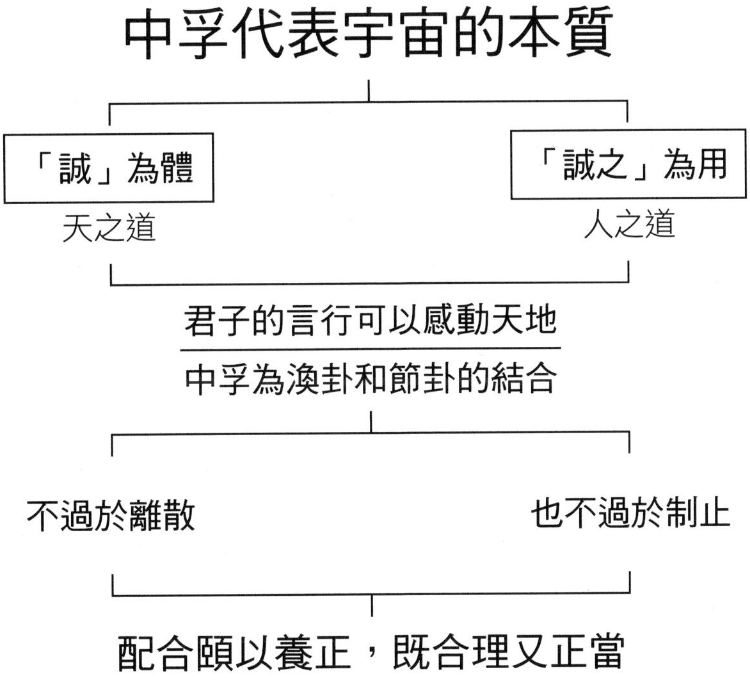
中孚代表宇宙的本質
「誠」為體
天之道
「誠之」為用
人之道
君子的言行可以感動天地
中孚為渙卦和節卦的結合
不過於離散
也不過於制止
配合頤以養正，既合理又正當

五。四卦各自含有好多個卦

《易經》每一個卦都有六爻，其中任何一爻，無論由陰變陽，或者由陽變陰，就會成為另外一個卦。中孚（䷼）六爻，由初九、九二、六三、六四、九五，一直到上九，順序改變之下，就會形成渙（䷺）、益（䷩）、小畜（䷈）、履（䷉）、損（䷨）、節（䷻）六個卦。依此類推，小過（䷽）可以變成豐、恆、豫、謙、咸、旅六卦；頤卦（䷚）可以變成剝、損、賁、噬嗑、益、復六卦；而大過（䷛）同樣可以變成夬、咸、困、井、恆、姤六卦。中孚和頤卦，都和損益相關，而小過和大過，也都和咸恆的感情相連。我們把相關的這些卦，穿來串去，應該更能深一層地明白其中的意義和變化。

每一個卦，又含有五個中互卦。中孚（䷼）內含頤、歸妹、益、損、漸卦；小過（䷽）內含大過、漸、恆、咸、歸妹；頤卦（䷚）內含坤、剝、復、剝、復；而大過（䷛）內含乾、夬、姤、夬、姤。從這些中互卦的雷同和相關，可以看出中孚、小過、大過和頤卦的密切關係。

八經卦之中，有反也有對。「乾、坤、坎、離」為「反」，因為顛過來倒過去，都是同樣的卦；「艮、兌、震、巽」為「對」，兌翻轉過來為巽，而震翻轉過來即為艮。兌卦上卦倒轉、下卦不動為中孚；上卦不動、下卦倒轉便成為大過。震卦上卦不動、下卦翻轉成為小過；下卦不動、上卦翻轉即為頤卦。中孚是雙層的離卦，小過是雙層的坎卦，大過是中間加厚的坎卦，頤卦是中間加厚的離卦。從這種角度來看設卦佈爻，更能看出一陰一陽的變化，實在是無窮無盡。

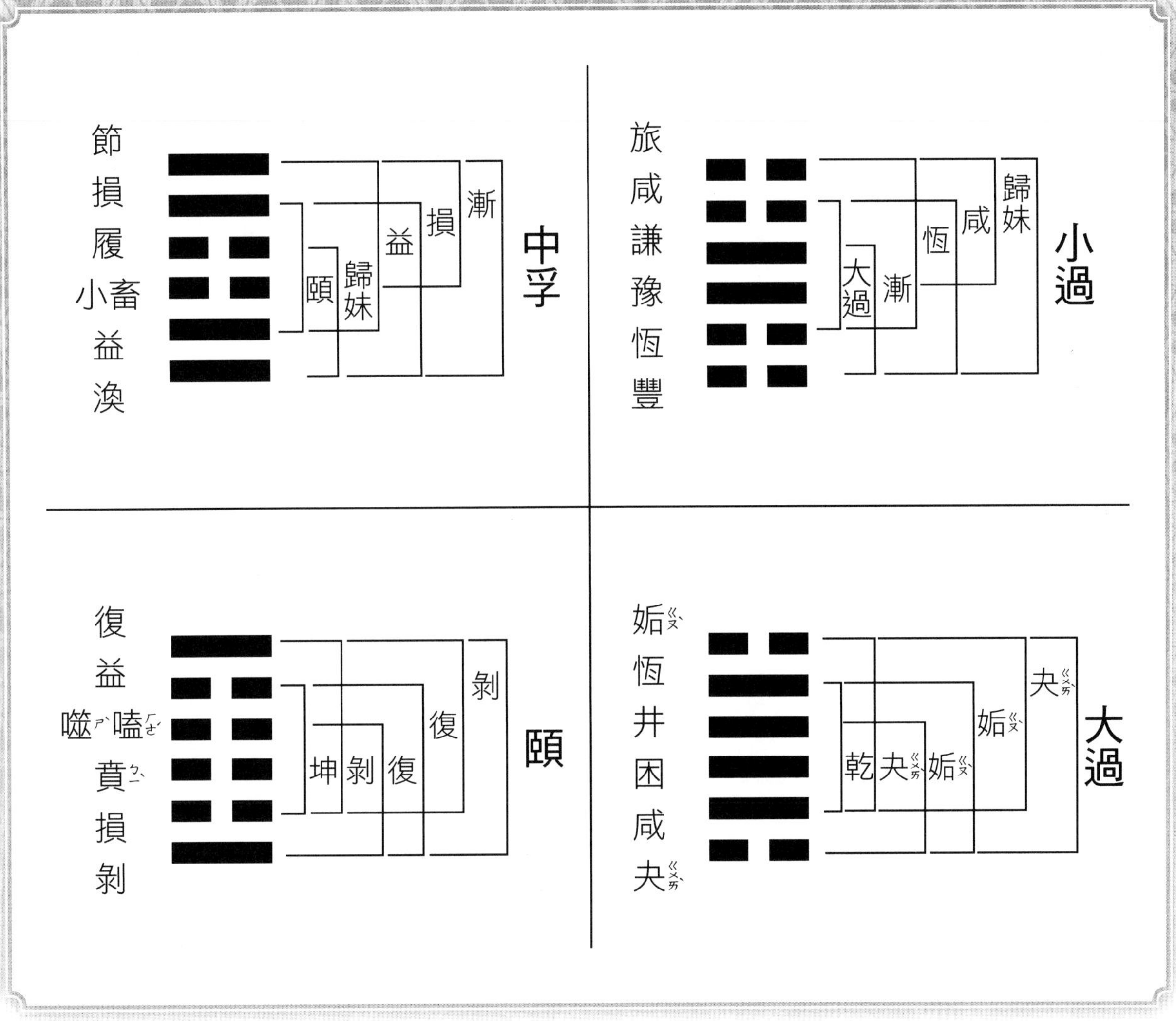
節
損
履
小畜
益
渙
漸
損
益
歸妹
頤
中孚
旅
咸
謙
豫
恆
豐
歸妹
咸
恆
漸
大過
小過
復
益
噬ㄕˋ嗑ㄏㄜˊ
賁ㄅㄧˋ
損
剝
剝
復
復
剝
坤
頤
姤ㄍㄡˋ
恆
井
困
咸
夬ㄍㄨㄞˋ
夬ㄍㄨㄞˋ
姤ㄍㄡˋ
姤ㄍㄡˋ
夬ㄍㄨㄞˋ
乾
大過

六、中孚頤肖離大過小過坎

坎（☵）和離（☲）是乾（☰）、坤（☷）的用，所以上經終於坎、離，而下經終於既濟（䷾）和未濟（䷿）。從大象看，頤卦（䷚）和中孚（䷼）為離（☲），而大過（䷛）和小過（䷽）為坎（☵）。所以上經以頤卦和大過來引出坎離，下經用中孚和小過來引出既濟、未濟。二陽含四陰為頤，四陽含二陰為中孚；二陰含四陽為大過，四陰含二陽則為小過。頤卦和大過，是山澤雷風的互動，象徵乾（☰）、坤（☷）為陰陽的定位，也是萬物的男女。陰陽交易、男女交合，即成為水（☵）火（☲）。倘若不成水火，則乾坤即為死物，無以生生不息。所以山澤必須通氣，而雷風也要相薄，然後乾、坤的水火才能夠相交。泰（䷊）、否（䷋）兩卦，便是乾坤上下相綜的功能，顯示乾坤必須經過泰、否的考驗，才能來到頤或大過，然後終以坎（☵）、離（☲）——這是天道運行，萬物吉凶、消長、進退、存亡的數，成為必然的歷程。同理，中孚和小過，也是山澤雷風的互動，告訴我們：倘若沒有既濟、未濟，則男女不能交合，也和死物一樣，無法生生不息。必須山澤通氣、雷風相薄，然後男女的水火可以交合。所以下經由咸（䷞）、恆（䷟）歷經損（䷨）、益（䷩）的考驗，才能來到中孚或小過，然後終於既濟、未濟——這是人道運行，萬事吉凶、消長、進退、存亡的氣，流行不已的變化。天道以泰、否為主，未必無人道；人道以損、益為主，也未必無天道。泰、否、損、益四卦，為全易的樞紐，而頤、大過、中孚、小過四卦，則是全易的氣數，可以用來測定吉凶、消長、進退或存亡。

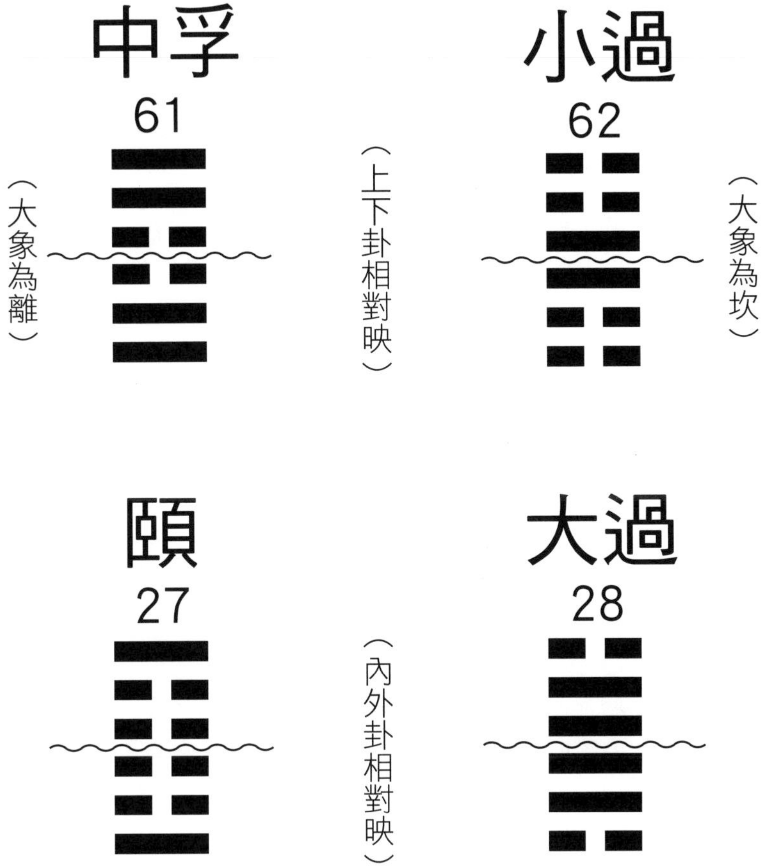

天道、人道莫不如此！
造成吉凶、消長、進退、存亡，
山澤雷風互動，

1 小過（䷽）二陽居四陰之中，由於下艮（ㄍㄣˋ）上震都是陽卦，卻落得本末均為雙重的陰，所以稱為陰盛。陰多於陽，陰為小，因此卦名為「小過」。這時候以正為本，必須利貞。

2 中孚（䷼）二陰居四陽之中，由於下兌（ㄉㄨㄟˋ）上巽（ㄒㄩㄣˋ）均為陰卦，卻能夠本末皆陽，而保持中虛，所以沒有陽盛或陰盛的問題。堅持信發於中，讓人感覺中心誠信，因此名為「中孚」。

3 頤卦（䷚）中間四爻皆陰，為什麼不是中虛？因為下震上艮（ㄍㄣˋ）都是陽卦，而且本末二爻也都是陽爻，呈現「自求口實」的形象，談不上什麼中虛，所以卦名為「頤」。

4 大過（䷛）四陽居二陰之中，由於下巽（ㄒㄩㄣˋ）上兌（ㄉㄨㄟˋ）均為陰卦，卻形成中體剛強而本末皆弱，顯然是陽過於盛大，所以卦名為「大過」。此時事物反常，亟待整治。君子在大過時期，正好能以中孚態度，立非常事功，必須善為把握。

5 二陽含四陰叫做「頤」，四陽含二陰稱為「中孚」，二陰含四陽成為「大過」，四陰含二陽即為「小過」。其中頤卦和中孚的大象為離，而大過與小過的大象為坎。為什麼離為「麗」而坎為「陷」？從這裡應該可以獲得更深一層的體會。

6 陽居陰中為「陷」，陰居陽中則為「麗」，大過和小過為「坎」為「陷」，卦辭反而有「亨」，而頤和中孚為「離」為「麗」，卦辭中並沒有「亨」，可見聖人對我們的勉勵多過於警戒，果真是一片誠心！

結語

天是真實不妄的，上經重天道，所以有无妄卦（䷘）。人必須追求真實不妄，下經重人道，因此有中孚卦（䷼）。无妄代表天德，天德是實的，所以用无妄來突顯虛的必要性。初九不妄為；六二不事耕耘，不圖收穫；六三不妄為卻也招致災殃；九四守正不妄；九五不妄卻為疾所害；上九雖然不妄為，但時窮而行必遭禍患。六爻都重視不妄，也就是虛而不實，才能无妄。中孚代表地德，地德是虛的，所以六爻都重視誠心。初九安守誠信，不可別有它求；九二同聲相應，發自內心的真誠意願；六三因存心不誠而私念雜起，以致言行無常；六四專誠於九五而无咎；九五用誠信牽繫天下人的心，無所咎害；上九必須守持正固以防凶險。倘若不能如此實在，那就不是中孚了。无妄和中孚，實在是互為表裏，一體兩面。不虛妄矯詐，才見真誠。唯有立誠於中，無心求人信，才見无妄。

中孚（䷼）六爻，只有初九與六四、六三與上九相應，但是初九爻辭：「虞吉，有它不燕。」表示初九當位，最好安處於下，不假他求。倘若動而求孚於六四，反而不安。這時候以謀始為重，所以不取相應的利，象徵孚在其中，無待於外。六三不當位，卻有志上行，求與上九相應，因而得敵，弄得進退失據，喜怒無常。一個人內心誠信，並不在於博取他人的好感。當年商鞅為了取信於民，立一木於甲地，聲明凡把它從甲地移到乙地的人，可得五十金的酬勞。這種取信的方式，稱為「術」，並不符合中孚的「道」。所以商鞅最後作法自斃，死得很慘，便是採取手段以求人相信，自作自受所招致的惡果，與「精誠所至，金石為開」的中孚之道相去甚遠。現代人大多偏重以術或詐，來搏取他人的信任，實為不智之舉，並非良好有效的方式。

《易經》爻辭中出現「月幾望」的，共有三次。小畜（䷈）上九「月幾望」為凶，因為這一爻以陽剛處陰的極位，象徵陰的最盛，構成陰敵陽的壓力，也就是陰盛而止陽，所以招來凶禍。歸妹（䷵）六五「月幾望，吉」，由於六五雖不當位，卻居上震中位，以陰應九二的陽，所以吉祥。中孚（䷼）六四「月幾望，无咎」，表示六四當位，又能上順九五君王，下應初九民眾，中比六三同僚，象徵誠信最孚，獲得各方面的信賴。處於近臣的位置，卻能夠得上下的心，實在是中孚最盛的人，當然无咎。可見「陰從陽」遠比「陰敵陽」吉順，提供大家參考。

真實不妄，才能大公無私地犯大過。抱定「不成功便成仁」的堅決意志，為了大局，不計較個人的得失與毀譽。真實不妄，也才敢於犯小過，抱持寧過勿縮的決心，勇於做人做事，不致故步自封，造成「徒善不足以為政」的流弊。

中孚、大過、頤、小過這四卦，和乾、坤、坎、離一樣，反來覆去，都是同一個卦。這種反覆不衰的景象，表示在坎為聰，在離為明，神武即乾，睿智則為坤，正如〈繫辭‧上傳〉所說：「古之聰明睿智，神武而不殺者夫！」不必顯現殺伐的威勢，而民自服，唯有古代的聰明智慧、武功神化，才能做得到。中孚、大過、頤、小過的反覆不衰，是誠信感人，可以通天地人的最佳啟示，建議大家不妨從親身實踐中加以體認。

《附錄》

誠能完成天地的善

一、誠是聖人解開宇宙奧妙的萬能鑰匙

《中庸》說：「唯天下至誠，為能盡其性；能盡其性，則能盡人之性；能盡人之性，則能盡物之性；能盡物之性，則可以贊天地之化育；可以贊天地之化育，則可以與天地參矣。」這一段話，有三個重點，最好先加以釐清：

1 做一個人，最要緊的是嚴格地明辨「人和禽獸不相同的地方」，在於「人之性」異於「犬之性」、「牛之性」（《孟子・告子篇》），以自覺人性的尊嚴。現代有人只承認「人是動物之一」，因此愈來愈像動物，換句話說，愈來愈不像人。對這些人來說，《中庸》這段話是不管用的。「人性」包含「精神生命」與「物質生命」兩方面的本質，同時稟天而生。就每一個人的生命來看，都是獨一無二，不可替代的。由於人人不同，因此產生個別差異，但是就整體人類來看，都同屬於人類，可以說形異而類同，大抵相近。《中庸》這段話，指出人的共性，表示人人都可以此為目標，各自努力。至於能夠做到什麼地步？能做出什麼樣的成績？那是各人的個性，不必勉強，問心無愧便好。

2 〈繫辭・上傳〉說：「一陰一陽之謂道，繼之者善也，成之者性也。」這是易傳對「性」的定義。乾卦彖(ㄊㄨㄢˋ)辭指出：「乾道變化，各正性命。」萬物都是太極的化身，由乾道變化獲得性命，由坤道變化而生成形體。這裡特別指出：性命的來源是乾道變化，各有差異是為了各得其時、各得其位，也就是各得其正，所以說「各正性命」。再細分下去，「命」是生前就有的，稱為天命；「性」是生後才有的，叫做人性。《中庸》所說「天命之謂性」，意思是人性來自天命。先天的命，配合後天的時、空與體質，成為人的「性」。

3 宇宙人生的奧妙，關鍵就在這個「性」字。〈繫辭‧上傳〉說：「成性存存，道義之門。」「存存」的意思，是存之又存，用意在提醒大家：要好好把握來自上天的性，把它當做自己言行舉止的導引。順天便是合道，也就是順其自然。合道的表現即為合理，也就是合乎義理，所以稱為「道義之門」。要做到這一點，看起來不難，實際上非常不容易，因此特別警示「成性存存」。要怎樣才做得到呢？那就需要「誠」的功夫，不可或缺。「唯天下至誠，為能盡其性」，「盡」的意思，是付出自己所有的能力，使自己的人性獲得充分發揮。當然，還需要盡人事以聽天命，最後聽天由命，毫無怨尤。要做到這樣的地步，唯有「至誠」才能夠成就。《中庸》又說：「唯天下至誠，為能經綸天下之大經，立天下之大本，知天地之化育，夫焉有所倚？肫肫其仁，淵淵其淵，浩浩其天。苟不固聰明聖知達天德者，其孰能知之？」把這一段話，和前面引述的那一段合在一起看，便能明白〈繫辭‧上傳〉所說：「夫易，聖人所以崇德而廣業也。」都是在告訴我們：唯有至誠，才能打開道義的大門。因為「誠」是聖人解開宇宙人生奧妙的萬能鑰匙，只有至誠，才能夠完成天地的善，把天地的善和人性的善根，貫穿起來。使人類有能力，可以贊天地之化育，完成上天賦予人類的神聖使命，這才是人類在天地之間，所應該盡心盡力去擔負起的偉大責任。

二、仁是人與禽獸不同的主要關鍵

當我們發現人類有很多地方比不過禽獸的時候，我們就會感嘆真的是「禽獸不如」！當我們知道人類的DNA和禽獸相差不遠的時候，我們也不禁嘆息「畢竟人只是動物的一種」。科技愈進步，人性愈受到貶低，而不是提高，這正是人類終將死於科技的最有力證據。

歷史上已經有過多次大事件，使人類的地位不升反降。我們只提出下述三大事件稍加印證，以供參考：

1 伽利略（Galileo Galilei, 1564—1642）是義大利天文、物理學家，他由望遠鏡中發現，人類所居住的地球，在宇宙中不但微不足道，而且並不起眼。使我們感覺到很委屈，現代人不願意面對地球的危難，寄望於移民到外太空。以致對故土的鄉情也日趨淡薄，當年離鄉背井的鄉愁，似乎已不復見。為了利害關係，不惜移民他國。對故鄉的泥土，也毫無感情，這是人性墜落的一大原因。

2 達爾文（C. Darwin, 1809—1882）為英國生物學家，進化論的創立者，主張生物的發生由簡入繁，是藉自然的演變或進化而完成的。雖然到現代仍然有很多爭議，但是人既然是由動物演化而來，我們就找到有利的說詞：人和動物差不多有什麼稀奇，還奢談什麼人為萬物之靈？人類由責無旁貸，要贊天地之化育，一下子退到與動物共生。我們並不是看輕動物，而是更加重視應該怎樣做才是真正的愛護動物。透過科技改變動物的本性，便是不合義理的行為，可是科學家似乎並不理會這樣做所造成的重大影響。

3 佛洛伊德（Sigmund Freud, 1856—1939）是倡導精神分析的奧地利醫師，鼓勵大家從表面行為往深處發掘。由病人逐漸回憶往事，通過自由承認及釋放其不能發洩的情緒，以求終止矛盾而恢復心理健康。佛洛伊德的學說，普遍引起世人的興趣，卻也造成十分重大的影響。因為一般人的反應，是把自己的缺失推給童年的創傷，也就是把責任往外推，而不求自省。

這些學說，對人類文明的進步，似乎有很大的貢獻。然而，「一陰一陽之謂道」，既然有正面的助益，就必然帶來負面的弊害。也正因為如此，我們才需要道器合一，在科技之外，尋找道的指引，把弊害降到最低，而將助益盡量擴大。延緩科技滅絕的步調，使人類有能力贊助萬物生生不息。

我們從另一種層次來看，人和禽獸的差異，主要在於人類是合群的動物，會把個人的幸福與榮譽，寄托在群體的和諧安寧之上。禽獸雖然有群聚的本能，但是當災難來臨時，大多是作鳥獸散，只知分別逃生，不能團結奮鬥。而人類深知危難當前，必須發揮智慧，群策群力，共同奮鬥以求化凶為吉。我們一方面說：夫妻有如同林鳥，大難來時要共擔，這是人性的光輝；另一方面則說：夫妻有如同林鳥，大難來時各自飛，那就是禽獸不如的鄙劣行徑。人禽之辨，在於「仁」，便是由此推論而來。人而不仁，怎麼能夠稱為人？也就是「以仁為本」的最佳詮釋。孔子生於人欲橫流的亂世，竟然有那麼大的勇氣，悟出「仁者人也」，即為人禽之辨的主要關鍵。社會風氣的改善，就在於一個「仁」字。

三、仁能夠合天地萬物為一體

《論語・述而篇》記載：「我欲仁，斯仁至矣！」仁是什麼？依據孔子的主張，仁便是人性。孔子的學說一以貫之，便是以仁為中心，把天道和地道貫穿起來，成為一個頂天立地的君子。前已述及，人性包含精神生命與物質生命。仁就是精神生命的道德本體。有了仁心，不論地球怎麼微不足道，我們生於斯，長於斯，便要對地球擔負起最大的責任。絕對不應該污染、破壞了地球，又要想辦法去污染、破壞其它星球。火星再好，月球再美，畢竟不是我們的故鄉。去看看、長長見識，無妨，但要長久離鄉背井，既不必，也不好。就算人是動物演化而成，一旦成為人，就應該發揮人性，和禽獸拉開距離。這不是人類沙文主義，而是人性的自覺，以仁心來自律，對宇宙萬物展現最為崇高的誠意。

《繫辭・上傳》指出：「易與天地準，故能彌綸天地之道。」《易經》所揭示的道理，與天地的理則相通，所以能夠普遍地包括天地間的一切道理。又說：「安土敦乎仁，故能愛。」安於所處的環境而敦厚地施行仁義，所以能夠博愛天下萬物。易傳把天道、人道、地道合起來稱為「三才之道」，天道重陰陽，因為天無言，只透過天氣的陰陽變化來創造萬物；地道重剛柔，大地無所不載、無所不納，只透過地面的剛柔來適當地包容萬物；人道重仁義，人是萬物的一種，卻必須用仁義來與萬物拉開各種不同的距離，以便能夠克盡人類對於萬物的責任。仁源自於先天本性，義起於後天人為。由於源自先天，所以「我欲仁，斯仁至矣！」表示不必向外尋求，只要反求諸己即可，十分有效、安全，而且便利。我們把六畫卦分成上、下兩卦，上卦三爻象徵天人合一。五、上兩爻為天（道），四爻屬人（道），表示人應該以仁心合天道。先天的仁心，表現為實際的行為，那就必須腳踏實地，視環境的變數，也就是因人、因事、因時、因地而制宜，以求合乎義理。下卦三爻，象徵持經（秉持天道）達變（因地制宜）的靈活運用。初、二兩爻為地（道），三爻屬人（道），表示人應該腳踏實地，務實踐履，也就是實事求是。義是仁心的實際表現，仁心為道，表現出來的行為合義，所以說「成性存存，道義之門。」仁是崇德的根本，而義則是廣業的基礎。任何人想要崇德廣業，都必須先入道義之門。崇德唯賴至誠，先盡自己的性，再盡人之性，進而盡物之性，以贊天地之化育，妥善克盡「與天地參」的神聖責任。同理，廣業也唯賴至誠，才能規畫天下的常法，建立天下的根本大德，知道天地化育萬物的道理。由於仁心誠懇，態度沉靜，才能廣大有如天體。現代人說到「業」，大多想到事業、學業、工作的業績，滿腦子都是金錢的影子。實際上功名利祿由天定，只有道德修養可以完全由自己來掌控。人生的進程，《大學》以「修身、齊家、治國、平天下」來規畫，其中並沒有「立業」這一項目，並不是說立業不重要，不值得一提，而是人人都應該在立業的活動中，也就是在各種職場當中，致力於品德修養的不斷提升。以仁心合天地萬物為一體，曲折地成就萬物而不遺漏，通達晝夜陰陽的道理而無所不知，真正有本事崇德廣業，才是人生的最高價值。

四、至誠如神才能完成天地的善

大自然是善的，這個善字，並不與惡相對待，可以說是絕對的善。老子居於高等智慧的立場，專心致力於天道的發揚，提出「天地不仁」的概念。他所說的不仁，實際上是大仁。因為生生死死，善善惡惡，不過是自然演化的過程，也就是常道。天地大公無私，所以「無親」。既然無親疏遠近的分別，那裡有仁與不仁的差異？站在天下為公的立場來看，為天下者尚且不顧家，為父母者對待自己的子女，也不能夠有所偏愛。人類所說的「仁」，是人與人之間的關係，對天地來說，其範圍過分狹窄，不能寬廣，所以老子特別以「天地不仁」，來提醒人類不可以用人道的觀點來看待萬物。實際上，這也是儒家「人禽之辨」的重要依據，只是孔子的立足點和老子有一些不同。孔子主張由自己向外擴展，所以由小我而大我，於是以仁為重點，推己及人，然後擴及萬物。老子則反其道而行之，先站在天道的立場，告訴我們倘若只知道人的立場，很可能發現天地是不仁的。人類如果完全效法天地自然，等於喪失了自主性和創造性，和動物一樣地依照本能而行事，根本不可能「贊天地之化育」。人類為了發揮上天秉賦的自主性與創造性，必須在天地自然所秉持的侷限性，其實也就是我們常說的自然規律，順其自然而不是聽其自然，站在「不仁」的大前提下，來憑藉「仁」的大用，合理地改造天地自然，卻不至於破壞自然。換句話說：在「天定勝人」和「人定勝天」的動態平衡中，尋找一個合理點，那就叫做「贊天地之化育」——「贊」到好像沒有「贊」一樣，這才是真正的「化」。

天地自然便是道，並不是在天地自然之外，還有另一個道。道廣大而無所不包，因此有「天道」，有「地道」，同時突顯一個「人道」，也不是人類沙文主義、妄自尊大的結果。「天地不仁」，表示一切遵循自然法則而行，萬物都依據本能也就是本性而行，那不可能有所改變，也就不能夠進步。「元」、「亨」、「利」就夠了，用不著「貞」。恆久地終而復始，怎麼會有文明發展呢？因此人類的神聖使命，便由天而降，所以孟子才有「天將降大任於斯人也」的警覺，表示這一分榮耀，中華民族的子孫，必須世世代代，都責無旁貸，勇於承擔。

要承擔「贊天地之化育」的責任，必須從大易系統著手。萬物都依道而行，就無所謂仁或不仁。人類要改造這個世界，剛開始動機都很純正，卻逐漸居於各種利害關係，而產生了仁與不仁的差異。即使同樣以仁心為出發點，表現出來的結果，也有義有不義。所以人道雖然因天道、地道而生，卻有其獨特的含義。天地的不仁，才是大仁；人類的仁，恐怕只是具有侷限性的仁，範圍不夠大，用力不夠深，看得不夠遠，以致結果有「貞」也有「不貞」。「貞下起元」，這個「貞下」的「元」，已經不是當初的「元」了。善惡、高低、大小、輕重，甚至於正邪，都由此而生。人類很難真正知「道」，不容易真的上「道」，往往自以為合「道」，實際上卻相去甚遠。仁義之所以成為人道的重點，其實是一種無奈啊！

因為人有個別差異，所以觀點不同，立場也很難取得一致。口口聲聲要建立共識，卻始終自以為是而執迷不悟。明明知道良心才是正確的指引，卻偏偏不信邪，一定要找到良心以外的事物，強調以眼見為真，實在是自欺欺人。這就是「不誠無物」的缺憾，在人類的歷史上，似乎愈來愈屢見不鮮。

「天地人鬼神」的概念，即在提醒我們：人類當中，愈接近道的，愈神；愈遠離道的，愈是鬼頭鬼腦，鬼計多端，鬼鬼祟祟，簡直就是鬼迷心竅。「敬鬼神而遠之」，意思是鬼神都在於人的一念之差，「貞」即如神，「不貞」必然是鬼。我們和鬼神保持安全的距離，才能夠旁觀者清。這種修養，就叫做「跳出自己看自己」，也就是保持相當程度的客觀。為什麼只能做到相當程度呢？因為修養的功夫，還差一大截。這樣我們才明白，為什麼至誠幾乎成為聖人的專利品。「至誠如神」，表示聖人才具有這樣的神力，非凡人所能及。我們固然是凡人，卻不能不求上進，心甘情願地一輩子當凡人。所以用心仿傚聖人，不斷求取上進，希望能夠愈來愈神。但是，我們必須永遠記住：我們是人，不是神。神只願意幫助求上進、有良心、走正道的人。因此，我們應該先以誠心誠意來禮敬天地，凡事憑良心，向自然學習，不妄作非為，把本有的仁性發揚出來。有朝一日如有神助，便可以真正地「贊天地之化育」，促使天地的善，生生而不息。

五、我們的建議

既然是人，最好先能「把人做好」、「做一個像樣的人」。孔子一生，不肯輕易以「仁」來讚美人家，也不敢以「仁」自居。他倡導尊師重道，卻主張「當仁，不讓於師」。可見「仁」對人來說，是何等的可貴！孔子明白指出「鳥獸不可與同群」，後代人不知道它的真意，逼得孟子不得不嚴正地提出「人禽之辨」。實際上早在周武王口中，便已經說出「人為萬物之靈」，都在指示我們：身為人類，得天獨厚，具有自主性和創造性，必須好好把握，妥為發揮，期能貞下起元，使宇宙萬物，得以永續發展。

人的價值，在於人和其他生物一樣，都是一種有生命的存在。但是人的生命，除了其他生物所共同擁有的生物性生命之外，還有一種精神性的生命，這就是孟子所說的「人之異於禽獸者幾希」。人具有這種特性，才能意識到自己的生命存在，其他生物是辦不到的。人類的一切學問，實際上都由此而生。先天的「仁」，經由後天的學習和磨練，這才有「義」的體會。同樣是仁，也必須因人、因事、因時、因地，做出合理的調整，才能制宜而合義。仁為經、義為權，持經達變，也就是把仁心發揮得恰到好處。

要達成這樣的作用，必須以「誠」為本，堅持「毋自欺」，對自己誠實。因為只有做到對自己誠實，才能做到對他人誠實。真誠而不自欺欺人，是走上正道的最有力保障。人生在世，凡是自己用什麼方式對待他人，他人也就會用什麼方式加以回報。為人處世，最簡單、有效、安全的方式，即為誠實。不但能使自己的生存空間愈來愈大，而且也會讓自己愈來愈聰明。天地之所以不停止，萬物之所以生生不息，都是「誠」的功能。以誠換誠，即為仁心的正當表現。我們的責任，既然在協助完成天地恆久的善，最好能從「誠」字下功夫，明白人禽之辨，凡事憑良心，處處立公心，持續發揚直到「大仁」的美善境界。

台灣國寶級大師

曾仕強

教授 傳世好書！

《大道口》、《了生死》、《合天理》

曾仕強教授「人生三書」

先探究什麼是「道」，然後解惑人生三問「生從何來，死往何去，為何而活」，最後能夠「憑良心、合天理」而行，人生旅程必然心安理得，生無憂而死無懼。

《達摩－禪的生活智慧》

一本認識禪宗智慧的最佳入門書

中華文化對於一個成年人，是有一些基本的要求。每個民族，都會有幾本人人必讀、家家必備的書。如果沒有讀、沒有懂這些書，就無法融入到這個文化圈之中，也無法形塑出身為中華兒女的獨特性格。

曾仕強著

《經典傳承》系列

《易經經文班》

Course for the Text of I Ching

《易經》六十四卦、三百八十四爻，並非靜態呈現，而是彼此互動，有快有慢、時時變化。每一卦、每一爻，都是生命的入手處，想要有效學習、深入瞭解，最好能夠從熟悉經文開始。

《易經繫辭班》

Course for the Great Commentary of I Ching

人生長於天地之間，必然會受到天地以及陰陽之氣的交互影響。《繫辭傳》說：「有天道焉，有人道焉，有地道焉，兼三才而兩之。」——所有中國哲學的思考，都沒能超出這個範圍。

《易經》其大無外，其小無內；廣大精微，無所不包，64 卦 384 爻 4096 種變化，是解開宇宙人生的終極密碼。能打造出一個內建《易經》智慧的大腦，等於是和宇宙能量接軌，取之不盡，用之不竭，絕對是您今生最睿智的投資。

古人有言：富不學，富不長；窮不學，窮不盡。人不能不學習，既然要學，就要學最上乘的智慧，才不會浪費時間。曾仕強文化擁有最優秀的黃金師資陣容，課程深入淺出，一點就通。誠摯邀請您即刻啟動學習，一同進入「易想天開」的人生新境界！

《老子道德經》

Course for Lao-tzu's Tao Te Ching

「知人者智，自知者明；勝人者有力，自勝者強。」《道德經》短短五千餘字，談的都是人間行走的智慧。老子告訴我們：先把做人的基礎打好，未來的人生道路，就會比較易知易行。

《孫子兵法現代應用》

Modern Application of Sun-tzu's The Art of Warfare

「善動敵者，形之，敵必從」；「善戰者，求之於勢」。「形」與「勢」，是作戰前必先考量的策略面。《孫子兵法》是中國最早的謀略兵書，能教你佈形造勢，知己知彼，百戰百勝！

《史料未及》

The Unexpected Records of The Grand Historian

針對《史記》近百位歷史人物，結合《易經》智慧做精彩分享。讀經典學觀念，讀歷史學做法，可謂乾坤並重、知行合一。在生命中的某一刻，能與千古智慧相遇，絕對是幸運無比的！